:: 中華文化促進會主持編纂

:: 國家"十一五"~"十四五"重點圖書出版規劃項目

:: 中國社會科學院哲學社會科學創新工程學術出版資助項目

出品人 王石 段先念

今注本二十四史

遼史

元 脫脫等 撰

李錫厚 劉鳳翥 主持校注

中國社會科學出版社

一〇 傳〔四〕 二國外記 國語解

遼史　卷一一三

列傳第四十三

逆臣中

蕭翰　耶律牒蠟　耶律朗　耶律劉哥　盆都　耶律海思
耶律敵獵　蕭革[1]

[1]"蕭翰"至"蕭革"：【劉校】原本、明抄本、南監本、北
監本、殿本無。今據中華點校本補。

蕭翰一名敵烈，字寒真，宰相敵魯之子。[1]

[1]宰相：契丹部族官名。契丹可汗之下有北、南二府，各部
族則分屬二府，故北宰相亦稱北府宰相，南宰相亦稱南府宰相。
敵魯（？—919）：阿保機妻述律氏之弟。阿保機即汗位以後，敵魯
與曷魯等總宿衛事，爲佐命功臣。後拜北府宰相。本書卷七三
有傳。

天贊初唐兵圍鎮州，[1]節度使張文禮遣使告急，[2]翰

受詔與康末怛往救，克之，殺其將李嗣昭，[3]拔石城。[4]會同初領漢軍侍衛。[5]八年伐晉，[6]敗晉將杜重威，[7]追至望都。[8]翰奏曰："可令軍下馬而射。"帝從其言，軍士步進，敵人持短兵猝至，我軍失利。帝悔之曰："此吾用言之過至此！"及從駕入汴，爲宣武軍節度使。

[1]天贊：遼太祖耶律阿保機年號（922—926）。 唐：即後唐，五代之一。同光元年（923）由李存勗建立，國號唐，都洛陽（今屬河南省），史稱後唐。 鎮州：州名。又稱恒州，治所在今河北省正定縣。

[2]張文禮（？—921）：鎮州趙王王鎔養子。原姓王，名德明。天祐十八年（921）背叛趙王王鎔後，李存勗前來討伐，於是年八月間憂懼而卒。其子處瑾等秘不發喪，故至次年四月間，仍以文禮名義向遼求援。《舊五代史》卷六二有傳。

[3]李嗣昭（？—922）：李克用弟代州刺史克柔假子。據《舊五代史》卷五二《唐書·李嗣昭傳》："［天祐］十九年，莊宗親征張文禮於鎮州。冬，契丹三十萬奄至，嗣昭從莊宗擊之，敵騎圍之數十重，良久不解。嗣昭號泣赴之，引三百騎橫擊重圍，馳突出没者數十合，契丹退，翼莊宗而還。"可知嗣昭並未死於與契丹作戰中。嗣昭是在契丹退軍之後，於攻真定的戰役中爲王處球軍所殺。《新五代史》卷三六有傳。

[4]石城：縣名。元廢，治所當在今河北省灤州市西南。

[5]會同：遼太宗耶律德光年號（938—947）。 漢軍：也稱"漢兵"。遼朝有衆多的漢軍，其中有阿保機收編的"山北八軍"以及趙延壽的軍隊。此外，遼朝還有按照中原軍隊編制自己組建的漢軍，其中最重要的是燕京等地的禁軍。據《長編》卷五五宋真宗咸平六年（1003）七月己酉記李信云："國中所管幽州漢兵，謂之神武、控鶴、羽林、驍武等，約萬八千餘騎。"其中"羽林""控

鶴"是唐、五代禁軍舊有的名號。因此可以斷定李信所説的遼燕京的"漢兵"就是戍衛京城的禁軍。

[6]晉：此指石敬瑭創立的後晉（936—946），五代第三個王朝。初，石敬瑭獲得契丹耶律德光支持，並向德光割地、稱臣、稱兒。少帝石重貴繼位後，與契丹交惡，爲契丹所滅。

[7]杜重威（？—948）：朔州（今山西省朔州市）人。其妻石氏是晉高祖石敬瑭之妹。出帝與契丹絶好，契丹連歲入侵。重威爲北面行營招討使、鄴都留守。開運三年（946）秋重威有異志，遣人向契丹請降，契丹許以重威爲中原皇帝，重威信以爲然，乃伏甲士召諸將，出降表，令諸將署名，並告軍士以糧盡出降，軍士解甲大哭，聲震原野。明年契丹北歸，漢高祖劉知遠攻鄴，重威食盡請降。爲漢大臣共誅之。《舊五代史》卷一〇九、《新五代史》卷五二有傳。

[8]望都：縣名。治所在今河北省望都縣。

會帝崩欒城，[1]世宗即位。翰聞之，委事於李從敏，[2]徑趨行在。是年秋，世宗與皇太后相拒於潢河橫渡，[3]和議未定。太后問翰曰："汝何怨而叛？"對曰："臣母無罪，太后殺之，以此不能無憾。"初耶律屋質以附太后被囚，[4]翰聞而快之，即因所謂曰："汝嘗言我輩不及，今在狴犴，何也？"對曰："第願公不至如此！"翰默然。

[1]欒城：縣名。治所在今河北省石家莊市欒城區。

[2]李從敏：字叔達，後唐明宗之子。《舊五代史》卷一二三有傳。據該書卷五一《李從益傳》，蕭翰非委事李從敏，而是委事李從益。"會契丹主死，其汴州節度使蕭翰謀歸北地，慮中原無主，軍民大亂，則已亦不能按轡徐歸矣。乃詐稱契丹主命，遣人迎從益

於洛陽，令知南朝軍國事。從益與王妃逃於徽陵以避之。使者至，不得已而赴焉。從益於崇元殿見群官，蕭翰率蕃首列拜於殿上，群官趨拜於殿下……翰北歸，從益餞於北郊。及漢高祖將離太原，從益召高行周、武行德欲拒漢高祖，行周等不從，且奏其事，漢高祖怒。車駕將至闕，從益與王妃俱賜死於私第，時年十七，時人哀之。”

[3]皇太后：即阿保機妻述律氏（879—953）。漢名平，小字月里朶。其先爲回鶻人。本書卷七一有傳。　潢河：河流名。即今内蒙古自治區境内的西拉木倫河，爲西遼河上游。

[4]耶律屋質（916—973）：遼宗室。字敵輦，會同間爲惕隱。太宗死後，世宗初立，屋質調解太后與世宗的矛盾，得以避免大規模内戰。天禄二年（948）助世宗挫敗天德、蕭翰等謀反。三年又表列泰寧王察割陰謀事，世宗不聽。後平定察割之亂及立穆宗，皆有功。本書卷七七有傳。

　　天禄二年尚帝妹阿不里。[1]後與天德謀反，[2]下獄。復結惕隱劉哥及其弟盆都亂，[3]耶律石剌告屋質，屋質遽入奏之，翰等不伏。帝不欲發其事，屋質固諍以爲不可，乃詔屋質鞫案。翰伏辜，帝竟釋之。復與公主以書結明王安端反，[4]屋質得其書以奏，翰伏誅。

[1]天禄：遼世宗耶律阮年號（947—951）。

[2]天德（？—948）：耶律德光第三子。猛捍驕捷，討石重貴有戰功。世宗即位，奉命護送太宗靈柩還上京，與李胡戰於泰德泉。後與蕭翰謀反，下獄。

[3]惕隱：契丹官名。又稱梯里己，掌皇族政教。

[4]安端：阿保機弟。在阿保機兄弟中排行第五，也曾參與“謀反”。世宗天禄初，賜號“明王”，成爲東丹國的統治者。

牒蠟字述蘭，六院夷离堇蒲古只之後。[1]

[1]六院：契丹部族名。天贊元年（922），以迭剌部強大難制，析五石烈爲五院，六爪爲六院，各置夷离堇。會同元年（938），更夷离堇爲大王，部隸北府，以鎮南境。　夷离堇：契丹部族官名。源於突厥語官名"俟斤"（Irkin）。突厥各部的最高元首稱"可汗"（Qaghan），其他各部酋長則稱爲俟斤。初，契丹"其君大賀氏，有勝兵四萬，臣於突厥，以爲俟斤"（《新唐書》卷二一九《契丹傳》）。後，契丹首領自立爲可汗，其下所屬各部酋長則稱爲"俟斤"，亦即夷离堇。契丹立國後，大部族之夷离堇稱王，小部族之夷离堇則稱爲節度使。舉凡一部之軍政、民政皆由其統掌。參韓儒林《穹廬集》（上海人民出版社1982年版，第314—316頁）。　蒲古只：本書卷七五《耶律鐸臻傳》："耶律鐸臻，字敵輦，六院部人。祖蒲古只，遙輦氏時再爲本部夷离堇。耶律狼德等既害玄祖，暴橫益肆。蒲古只以計誘其黨，悉誅夷之。"

天顯中爲中臺省右相。[1]會同元年與趙思温持節册晉帝。[2]及我師伐晉至滹沱河，[3]降晉將杜重威，牒蠟功居多。大同元年平相州之叛，[4]斬首數萬級。

[1]天顯：遼太祖耶律阿保機年號。天顯元年（926）遼太宗耶律德光即位而未改元（926—938）。　中臺省：東丹國宰輔機構。設左、右大相及左、右次相。

[2]趙思温（？—939）：盧龍（今河北省盧龍縣）人。字文美。原爲燕帥劉仁恭部將，後降後唐莊宗李存勗，任平州刺史兼平營薊三州都指揮使。降遼後從太祖征渤海，爲漢軍都團練使。太宗時，爲南京留守、盧龍軍節度使。本書卷七六有傳。　會同元年與趙思温持節册晉帝：【劉校】據中華點校本校勘記，"元"原誤

"二"。本書卷四《太宗本紀下》記録此事在會同元年（938）七月，《新五代史》《舊五代史》《通鑑》並同，據改。

　　[3]滹沱河：河流名。流經今山西、河北境内，匯入子牙河，歷史上河道屢次變遷。

　　[4]大同：遼太宗耶律德光年號（947）。　相州：州名。治所在今河南省安陽市南。金明昌三年（1192）改爲彰德府。

　　世宗即位，遣使馳報，仍命牒蠟執偏將尤者以來。其使誤入尤者營，尤者得詔反誘牒蠟，執送太后，牒蠟亡歸世宗。和約既成封燕王，爲南京留守。[1]

　　[1]南京：遼五京之一。故址在今北京市。

　　天禄五年察割弑逆，[1]牒蠟方醉，其妻扶入察割之幕，因從之。明旦壽安王討亂，凡脅從者皆棄兵降，牒蠟不降，陵遲而死，妻子皆誅。

　　[1]察割：即耶律察割（？—951）。遼皇族。其父即明王安端，爲阿保機同母弟。世宗即位，察割封泰寧王。天禄五年（951）九月南伐途中行弑逆，隨即爲壽安王誘殺。本書卷一一二有傳。

　　朗字歐新，季父房罨古只之孫。[1]性輕佻，多力，人呼爲"虎斯"。[2]天顯間以材勇進，每戰輒克，由是得名。

　　[1]季父房：契丹以玄祖之後爲皇族，分爲三房：孟父房、仲父房和季父房。德祖之元子是爲太祖天皇帝，謂之横帳；次曰剌

葛，曰迭剌，曰寅底石，曰安端，曰蘇，皆曰季父房。

　　[2]虎斯：契丹語。形容力大。

　　會同九年太宗入汴，命知澶淵，[1]控扼河渡。天禄元年燕趙已南皆應劉知遠，[2]朗與汴守蕭翰棄城歸闕。先是，朗祖罨古只爲其弟轄底詐取夷离菫，自是族中無任六院職事者，世宗不悉其事，以朗爲六院大王。[3]

　　[1]澶淵：地名。即澶州，因古稱澶淵，故名。澶州治所在今河南省濮陽市西南。統和二十二年（1004）十一月，承天太后曾親自率兵侵宋至此。雙方通過使臣談判，最後達成澶淵盟約。盟約規定：各自維持固有疆界，互不相侵。宋朝每年贈給契丹銀十萬兩、絹二十萬匹。戰爭經過和談判過程以及盟約全文詳載《長編》卷五七和五八。

　　[2]劉知遠（894—948）：後漢開國皇帝。其先是沙陀部人。初爲後唐明宗偏將。後與桑維翰一同爲石敬瑭謀劃，助其稱帝。後晉天福間，爲鄴都留守，後拜河東節度使、北京留守。出帝即位，封北平王。開運四年（947）初契丹滅後晉，同年二月稱帝。六月至汴京，改國號漢。《舊五代史》卷九九、《新五代史》卷一〇有紀。

　　[3]六院大王：六院的最高長官。

　　及察割作亂，遣人報朗曰："事成矣！"朗遣詳穩蕭胡里以所部軍往，[1]命曰："當持兩端，助其勝者。"穆宗即位，伏誅，籍其家屬。

　　[1]詳穩：遼朝軍官名。元帥府下設大詳穩司。本書卷一一六

《國語解》："詳穩，諸官府監治長官。""詳穩"即漢語"將軍"的轉譯。【劉注】"詳穩"即漢語"將軍"的轉譯的説法似有值得商榷之處。在契丹小字中，"詳穩"作𘭓，"將軍"作𘱇、或𘱇、𘱇；在契丹大字中，"詳穩"作𘬺、"將軍"作𘳍。"詳穩"不是漢語"將軍"的轉譯，而是音譯的契丹語，契丹語中"將軍"是漢語借詞。

　　劉哥字明隱，太祖弟寅底石之子。[1]幼驕狠好陵侮人，長益兇狡。太宗惡之，使守邊徼，累遷西南邊大詳穩。

　　[1]寅底石：阿保機之弟。字阿辛，排行第四，參與叛亂，太祖釋之，封許國王。太祖命輔東丹王，淳欽皇后遣司徒劃沙殺於路。　劉哥字明隱，太祖弟寅底石之子：【劉校】據中華點校本校勘記，劉哥，本書卷六四《皇子表》、卷七二《李胡傳》作"留哥"。"弟"原誤"兄"。據《皇子表》改。

　　會同十年叔父安端從帝伐晉，[1]以病先歸，與劉哥鄰居。世宗立於軍中，安端議所往，劉哥首建附世宗之策，以本部兵助之。時太后命皇太弟李胡率兵而南，[2]劉哥、安端遇於泰德泉，[3]既接戰，安端墜馬。王子天德馳至，欲以鎗刺之，劉哥以身衛安端射天德，貫甲不及膚。[4]安端得馬復戰，太弟兵敗。[5]劉哥與安端朝于行在。及和議成，太后問劉哥曰："汝何怨而叛？"對曰："臣父無罪，太后殺之，以此怨耳。"事平，以功爲惕隱。

[1]會同十年叔父安端從帝伐晉：【劉校】據中華點校本校勘記，本書卷四《太宗本紀下》，太宗侵晉始於會同六年（943）十二月，至九年十二月晉帝出降，十年二月已改元大同。

[2]李胡（912—960）：阿保機第三子。一名洪古，字奚隱。爲其母述律氏所鍾愛。太宗即位後，天顯五年（930）立爲皇太弟，兼天下兵馬大元帥。太宗死後，應天皇太后反對世宗兀欲而欲立李胡，失敗，母子被囚。穆宗時因參與其子喜隱謀反事而下獄死。興宗時，更諡“章肅皇帝”。本書卷七二有傳。

[3]泰德泉：契丹地名。據本書卷三三《營衛志下》，六院部大王及都監春夏居泰德泉之北，以鎮南境。

[4]貫甲不及膚：【劉校】“膚”原本誤作“虜”。《馮校》謂：“‘膚’，《百》作‘虜’，非。”明抄本、南監本、北監本和殿本均作“膚”。中華點校本、修訂本和補注本徑改。今從。

[5]太弟：【劉校】原本作“大弟”，明抄本、南監本、北監本、殿本作“太弟”。中華點校本、修訂本和補注本徑改。今從改。

天禄中與其弟盆都、王子天德、侍衛蕭翰謀反，耶律石剌發其事，劉哥以飾辭免。後請帝博，欲因進酒弒逆，帝覺之不果，被囚。一日，召劉哥鎖項以博。帝問：“汝實反耶？”劉哥誓曰：“臣若有反心，必生千頂疽死！”遂貰之。耶律屋質固諍，以爲罪在不赦。上命屋質按之，具服。詔免死流烏古部，[1]果以千頂疽死。弟盆都。

[1]烏古部：部族名。又稱嫗厥律、于厥律，居契丹西北。

盆都，殘忍多力，膚若蛇皮。天禄初以族屬爲皮室詳穩。[1]二年與兄劉哥謀反，免死，使於轄戛斯國。[2]既還，復預察割之亂，陵遲而死。

[1]皮室：契丹軍名。意爲"金剛"。初爲阿保機所置，稱"腹心部"。後有南、北、左、右皮室及黃皮室等，皆掌精甲。

[2]轄戛斯：即黠戛斯，唐代西北民族名。原居西伯利亞葉尼塞河流域。契丹興起並據有漠北時，稱轄戛斯，遼朝在其地設有轄戛斯大王府。金代稱之爲紇里迄斯，蒙古人稱之爲吉利吉斯，清代隨着准噶爾人的叫法稱之爲布魯特。西遼的西遷和十三世紀蒙古的西征都影響到黠戛斯，促成部分黠戛斯人南遷。十五世紀以後，黠戛斯人被准噶爾人驅逐到中亞費爾干納一帶。十八世紀中葉，清朝平定准噶爾，部分黠戛斯返回七河流域故居。

　　異母弟二人：化葛里、奚蹇。應曆初無職任，[1]以族子甚見優禮。三年或告化葛里、奚蹇與衛王宛謀逆，[2]下獄，飾辭獲免。四年春復謀反，伏誅。

[1]應曆：遼穆宗耶律璟年號（951—969）。
[2]衛王宛：李胡之子。

　　海思字鐸衮，隋國王釋魯之庶子。[1]機警口辯。[2]

[1]隋國王釋魯：即述瀾。玄祖匀德實第三子，阿保機的伯父。據本書卷六四《皇子表》，其人賢而有智，爲迭剌部于越時教民種樹桑麻。年五十七，爲子滑哥所弒。重熙中追封爲隋國王。《耶律仁先墓誌》稱他爲"述剌·實魯于越"。《耶律慶嗣墓誌》稱他爲"於越蜀國王述列·實魯，即太祖天皇帝之伯父也"。

[2]機警口辯：【劉校】"辯"原本誤作"辨"，《初校》謂："'辯'，《百》作'辨'。"明抄本、南監本、北監本和殿本均作"辯"。中華點校本、修訂本和補注本徑改。今從。

會同五年詔求直言，時海思年十八，衣羊裘，乘牛詣闕。有司問曰："汝何故來？"對曰："應詔言事。苟不以賤稚見遺，亦可備直言之選。"有司以聞。會帝將出獵，使謂曰："俟吾還則見之。"海思曰："臣以陛下急於求賢，是以來耳；今反緩於獵，請從此歸。"帝聞，即召見賜坐，問以治道。命明王安端與耶律頗德試之，[1]數日，安端等奏曰："海思之材，臣等所不及。"帝召海思問曰："與汝言者何如人也？"對曰："安端言無收檢，若空車走峻坂；頗德如着靴行曠野射鶉。"帝大笑。擢宣徽使，[2]屢任以事。帝知其貧，以金器賜之，海思即散于親友。後從帝伐晉有功。

[1]耶律頗德：本書卷三八另有一同名之人，會同間任採訪使。
[2]宣徽使：遼朝官名。遼設北、南宣徽，分隸北、南樞密院之下。宣徽北院使常執行軍事使命。此外，宣徽使還掌領朝會、宴饗、禮儀、祭祀及御前祗應之事。

世宗即位於軍中，皇太后以兵逆於潢河橫渡。太后遣耶律屋質責世宗自立，屋質至帝前諭旨不屈，世宗遣海思對，亦不遜，且命之曰："汝見屋質勿懼！"海思見太后還，不稱旨。既和，領太后諸局事。

穆宗即位，與冀王敵烈謀反，[1]死獄中。

[1] 冀王敵烈：即太宗德光庶子提離古（933—979）。字巴速堇。保寧元年（969）受封冀王。曾領兵援北漢，退宋兵。本書卷六《穆宗本紀上》載應曆九年（959）冬十二月，"庚辰，王子敵烈，前宣徽使海思及蕭達干等謀反，事覺，鞫之"。乾亨元年（979）爲監軍再援北漢，兵敗，戰死於白馬嶺。

敵獵字烏輦，六院夷离菫尤不魯之子。少多詐。

世宗即位，爲群牧都林牙。[1] 察割謀亂，官僚多被囚繫。及壽安王與耶律屋質率兵來討，諸黨以次引去。察割度事不成，即詣囚所，持弓矢脅曰："悉殺此曹！"敵獵進曰："殺何益於事？竊料屋質將立壽安王，故爲此舉，且壽安未必知。若遣人藉此爲辭，庶可免。"察割曰："如公言。誰可使者？"敵獵曰："大王若不疑，敵獵請與罨撒葛同往説之。"察割遣之。壽安王用敵獵計，誘殺察割，凡被脅之人無一被害者，皆敵獵之力。

[1] 群牧：契丹專門管理畜群的機構。諸路設群牧使司，下設某群太保、某群侍中、某群敵史；朝廷設總典群牧使司，有總典群牧部籍使、群牧都林牙。以"群"爲單位設某群牧司，設群牧使、群牧副使。此外，還有僅管理馬及牛群的機構。遼亡之後，金稱契丹群牧爲"烏魯古"。　林牙：契丹官名。掌文翰，相當於翰林學士。

亂既平，帝嘉賞然未顯用。敵獵失望，居常怏怏，結群不逞，陰懷不軌。應曆二年與其黨謀立婁國，[1] 事覺，陵遲死。

[1]婁國（？—952）：字勉辛，東丹王耶律倍之子。天禄五年（951）遙授武定軍節度使。及察割作亂，婁國手刃察割，改南京留守。誘敵獵及群不逞謀逆。事覺，縊於可汗州西谷。本書卷一一二有傳。

蕭革小字滑哥，字胡突菫，國舅房林牙和尚之子。警悟多智數。[1]太平初累遷官職。[2]游近習間，以諛悦相比昵，爲流輩所稱，由是名達於上。

[1]警悟多智數：【劉校】“智”原本作“定”，明抄本、南監本同。中華修訂本據北監本、殿本改。今從。

[2]太平：遼聖宗耶律隆緒年號（1021—1031）。

重熙初拜北面林牙。[1]十二年爲北院樞密副使。[2]帝嘗與近臣宴，謂革曰：“朕知卿才，故自拔擢，卿宜勉力！”革曰：“臣不才，誤蒙聖知，無以報萬一，惟竭愚忠，安敢怠。”明年拜北府宰相。十五年改同知北院樞密事。革怙寵專權，同僚具位而已。時夷离畢耶律義先知革姦佞，[3]因侍燕，言革所短，用之將敗事。帝不聽。一日，上令義先對革巡擲，[4]義先酒酣曰：“臣備位大臣，縱不能進忠去佞，安能與賊博乎！”革銜之，佯言曰：“公相謔，不既甚乎！”義先訴詈不已。帝怒，皇后解之曰：“義先酒狂，醒可治也。”翌日，上詔革謂曰：“義先無禮，可痛繩之。”革曰：“義先之才，豈逃聖鑒！[5]然天下皆知忠直。今以酒過爲罪，恐咈人望。”帝以革犯而不校，眷遇益厚。其矯情媚上多此類。拜南院

樞密使，詔班諸王上，封吳王。改知北院，進王鄭兼中
書令。帝大慚，[6] 詔革曰：“大位不可一日曠，朕若弗
寤，宜即令燕趙國王嗣位。”[7]

[1] 重熙：遼興宗耶律宗真年號（1032—1055）。

[2] 北院樞密副使：契丹樞密院之樞密使。爲北面官之最高官
職，樞密副使位在其下。掌軍事、部族。詳本書卷四五《百官志
一》。

[3] 夷离畢：遼官名。爲執政官，相當於副宰相參知政事。後
來官分南、北，北面官有夷离畢院，主要掌刑政。 耶律義先
（1010—1052）：于越仁先之弟。重熙初補祗候郎君班詳穩。十六年
（1047）爲殿前都點檢，討蒲奴里，多所招降，獲其酋長陶得里以
歸，以功改南京統軍使，封武昌郡王。本書卷九〇有傳。

[4] 巡擲：【靳注】古時酒令之一種。巡迴擲博，賞罰飲酒以
助宴娱。巡，指筵席上飲酒循環一輪；擲，指擲骰子。

[5] 豈逃聖鑒：【劉校】“鑒”，原本、明抄本、南監本、北監
本均作“監”。《初校》謂：“‘鑒’，《百》、《南》作‘監’。”中
華修訂本據殿本改。中華點校本和補注本徑改。

[6] 帝大慚：【劉校】“漸”原本誤作“慚”。《初校》謂：
“‘漸’，《百》作‘慚’，非。”明抄本、南監本、北監本和殿本均
作“漸”。中華點校本、修訂本和補注本徑改今從改。

[7] 燕趙國王：遼道宗耶律洪基即位前的封號。

清寧元年復爲南院樞密使，[1] 更王楚。復徙北院，
與國舅蕭阿剌同掌朝政。[2] 革多私撓，阿剌每裁正之，
由是有隙，出阿剌爲東京留守。[3] 會南郊，[4] 阿剌以例赴
闕，帝訪群臣以時務，阿剌陳利病，言甚激切。革伺帝

意不悦,[5]因譖曰："阿剌恃寵，有慢上心，非臣子禮。"帝大怒，縊阿剌于殿下。

[1]清寧：遼道宗耶律洪基年號（1055—1064）。

[2]蕭阿剌（？—1061）：契丹外戚。北院樞密使孝穆之子。字阿里懶。幼養宮中，重熙二十一年（1052）拜西北路招討使，封西平郡王。尚秦晉國王公主，拜駙馬都尉。本書卷九〇有傳。

[3]東京：遼五京之一。故址在今遼寧省遼陽市。

[4]南郊：即南郊禮。特指帝王祭天的大禮。

[5]革伺帝意不悦：【劉校】"伺"原本作"同"。明抄本、南監本、北監本、殿本均作"伺"。中華點校本、修訂本和補注本徑改。今從改。

　　後上知革姦計，寵遇漸衰。八年致仕，封鄭國王。九年秋革以其子爲重元壻,[1]革預其謀，陵遲殺之。

[1]革以其子爲重元壻：【劉校】據中華點校本校勘記，《初校》認爲，"革"當作"帝"。

　　　　　　　　　　（李錫厚注　劉鳳翥校）

遼史　卷一一四

列傳第四十四

逆臣下

蕭胡覩　蕭迭里得　古迭　耶律撒剌竹　奚回离保
蕭特烈[1]

[1]“蕭胡覩”至“蕭特烈”：【劉校】原本、明抄本、南監本、北監本、殿本無。今據中華點校本補。

　　蕭胡覩字乙辛。[1]口吃、視斜、髮鬖，伯父孝穆見之曰：“是兒狀貌，[2]族中未嘗有。”及壯，魁梧桀傲，好揚人惡。

[1]字乙辛：【劉注】“乙辛”應作“乙辛隱”。契丹語中，男性的名字有“小名”和“第二個名”之分。在本書中把“小名”處理爲“名”，把“第二個名”處理爲“字”。凡“第二個名字”均有尾音 n。“乙辛”是契丹小字 ᠊᠊ 的音譯，是小名，其“第二

個名"爲令扎伏，即"乙辛隱"。此處既然稱"字乙辛"，"乙辛"後面脱"隱"。契丹語的"第二個名"在譯成漢語時脱落尾音 n 是常有現象，例如"解里寧"被譯成"解里"。此處"乙辛隱"被譯成"乙辛"也是這種情况。

[2]孝穆：即蕭孝穆（？—1043）。小字胡獨菫，淳欽皇后弟阿古只五世孫。重熙六年（1037）進封吳國王，拜北院樞密使。十二年（1043）復爲北院樞密使，更王齊，死後追贈大丞相、晉國王。本書卷八七有傳。

　　重熙中爲祗候郎君，[1]俄遷興聖宮使。[2]尚秦國長公主，[3]授駙馬都尉，以不諧離婚；復尚齊國公主，[4]爲北面林牙。[5]

[1]重熙：遼興宗耶律宗真年號（1032—1055）。

[2]興聖宮：聖宗耶律隆緒宮分。

[3]秦國長公主：聖宗之女巖母菫。欽愛皇后生。開泰七年（1018）封魏國公主，進封秦國長公主，改封秦晉國長公主。清寧初加大長公主。下嫁蕭啜不，不諧，離異；改適蕭海里，不諧，離之；再適蕭胡覩，不諧，又離之，乃適韓國王蕭惠。事見本書卷六五《公主表》。

[4]齊國公主：在本書卷六五《公主表》中，進封齊國公主者祇有兩人：一個是景宗長女觀音女，睿智皇后生。封魏國公主，進封齊國，興宗時封燕國大長公主。下嫁北府宰相蕭繼先。曾受賜奴婢萬口，重熙中薨。另一個是道宗第二女糾里，宣懿皇后生。封齊國公主，進封趙國，下嫁蕭撻不也，大安五年（1089）以疾薨。看來二人都不是下嫁蕭胡覩的齊國公主。

[5]林牙：契丹官名。掌文翰，相當於翰林學士。

清寧中歷北、南院樞密副使，[1]代族兄朮哲爲西北路招討使。[2]時蕭革與蕭阿剌俱爲樞密使，不協，革以朮哲爲阿剌所愛嫉之。朮哲受代赴闕，先嘗借官粟，留直而去。胡覩希革意，發其事，朮哲因得罪。

[1]清寧：遼道宗耶律洪基年號（1055—1064）。 北、南院樞密副使：北、南樞密院分別爲北、南面官的首腦機構，是遼朝的實際宰輔機構。北樞密院又稱契丹樞密院，掌軍事、部族。南樞密院又稱漢人樞密院，掌漢人州縣之事。樞密使是北、南樞密院之最高長官，樞密副使位在其下。

[2]西北路招討使：遼朝官名。西北路招討司的最高長官。該機構是遼朝統治漠北屬部的最高軍政機構，又稱西北路都招討司。

胡覩又欲耍權，歲時獻遺珍玩、畜産于革，二人相愛過于兄弟。胡覩族弟敵烈爲北尅，薦國舅詳穩蕭胡篤于胡覩，胡覩見其辨給壯勇，傾心交結。每遇休沐，[1]言論終日，人皆怹之。會胡覩同知北院樞密事，奏胡篤及敵烈可用，帝以敵烈爲旗鼓拽剌詳穩，[2]胡篤爲宿直官。及革構陷其兄阿剌，[3]胡篤陰爲之助，時人醜之。

[1]休沐：官吏休息日。《文選》卷二七《休沐重還道中五言》李善注："善曰：休，假也；沐，洗也。《漢書》'張安世休沐未嘗出'。如淳曰：'五日得下一沐。'良曰：'休沐，謂休假沐浴也。'"明人楊慎《丹鉛總錄》卷三《三澣》："蓋本唐制十日一休沐，故韋應物詩曰'九日驅馳一日閒'，白樂天詩'公假月三旬'。"

[2]拽剌：契丹語"走卒"謂之"拽剌"，後爲軍官名。有掌旗鼓者，稱"旗鼓拽剌"，還有專司偵候、探報等職者。

[3]阿剌：即蕭阿剌（？—1061）。契丹外戚，北院樞密使孝穆之子。字阿里懶。幼養宮中。尚秦晉國王公主，拜駙馬都尉。清寧二年（1056）任北院樞密使，徙王陳。後出任東京留守。七年入朝陳時政得失。蕭革以事中傷，道宗怒，縊殺阿剌。本書卷九〇有傳。

耶律乙辛知北院樞密事，[1]胡覩位在乙辛下，意怏怏不平。初，胡覩嘗與重元子涅魯古謀逆，[2]欲其速發。會車駕獵太子山，遂與涅魯古脅弩手軍犯行宮，[3]既戰，涅魯古中流矢而斃，衆皆逃散。時同黨耶律撒剌竹適在圍場，聞亂率獵夫來援。其黨謂胡覩等曰：“我軍甚衆，乘其無備，中夜決戰事冀有成，若至明日其誰從我?”胡覩曰：“倉卒中黑白不辨若內外軍相應則吾事去矣。黎明而發何遲之有！”重元聽胡覩之計，令四面巡警待旦。是夜，同黨立重元僭位號，胡覩自爲樞密使。

[1]耶律乙辛（？—1083）：五院部人。字胡覩袞。重熙中爲文班吏。道宗清寧五年（1059）爲南院樞密使，改知北院，封趙王。九年重元亂平，拜北院樞密使，進封魏王。咸雍五年（1069）加守太師。詔四方有軍旅，許以便宜從事，勢震中外。大康元年（1075）誣皇后蕭觀音致死，三年又害死太子耶律濬。本書卷一一〇有傳。

[2]重元（1021—1063）：原稱宗元，因避興宗諱，改重元，小字孛吉只，亦作孛己只，聖宗次子。太平三年（1023）封秦國王。聖宗死後，欽愛皇后稱制，曾密謀立重元。重元以所謀告於興宗，封爲皇太弟。賜以金券誓書。道宗即位，册爲皇太叔，爲天下兵馬大元帥，復賜金券。清寧九年（1063）與其子涅魯古謀亂，失敗自

殺。本書卷一一二有傳。　涅魯古（？—1063）：耶律重元之子。有傳附本書卷一一二《耶律重元傳》後。

　　[3]行宮：亦稱行帳，即遼代皇帝轉徙隨行的車帳組成的朝廷，契丹語稱"捺鉢"，遼中葉逐漸形成"四時捺鉢"制度。

　　明日戰敗，胡覩被創單騎遁走，至十七濼投水死。五子，同日誅之。

　　蕭迭里得字胡覩堇，[1]國舅少父房之後。[2]父雙古尚鈿匿公主，[3]仕至國舅詳穩。[4]

　　[1]字胡覩堇：【劉注】"胡覩堇"爲契丹語"第二個名"的音譯，漢義爲"福"。

　　[2]國舅少父房：據本書卷六七《外戚表序》："契丹外戚，其先曰二審密氏：曰拔里，曰乙室己。至遼太祖，娶述律氏。述律，本回鶻糯思之後。大同元年，太宗自汴將還，留外戚小漢爲汴州節度使，賜姓名曰蕭翰，以從中國之俗，由是拔里、乙室己、述律三族皆爲蕭姓。拔里二房，曰大父、少父；乙室己亦二房，曰大翁、小翁；世宗以舅氏塔列葛爲國舅別部。"又本書卷四五《百官志一》不稱"房"，稱"帳"，各設常袞以治之。

　　[3]鈿匿公主：聖宗第六女鈿匿。蕭氏生，初封平原郡主，進封荆國公主，下嫁蕭雙古。

　　[4]詳穩：遼朝軍官名。元帥府下設大詳穩司。本書卷一一六《國語解》："詳穩，諸官府監治長官。""詳穩"即漢語"將軍"的轉譯。【劉注】"詳穩"即漢語"將軍"的轉譯的説法似有值得商榷之處。在契丹小字中，"詳穩"作██，"將軍"作██ ██，或██ ██、██ ██；在契丹大字中，"詳穩"作██，

“將軍”作将号。“詳穩”不是漢語“將軍”的轉譯，而是音譯的契丹語，契丹語中“將軍”是漢語借詞。

迭里得幼警敏不羈，好射獵。太平中以外戚補祗候郎君，[1]歷延昌宫使、殿前副點檢。[2]重熙十三年伐夏，[3]迭里得將偏師首入敵境，[4]多所俘掠，遷都點檢，改烏古敵烈部都詳穩。[5]十八年再舉西伐，迭里得奏："軍馬器械之事務在選將。夏人豈爲難制，但嚴設斥候，不用掩襲計，何慮不勝！”帝曰："卿其速行，無後軍期。”既而迭里得失利還，復爲都點檢。十九年夏人來侵金肅軍，[6]上遣迭里得率輕兵督戰，至河南三角川，斬候者八人，擒觀察使，以功命知漢人行宫都部署事，[7]出爲西南面招討使。[8]

[1]太平：遼聖宗耶律隆緒年號（1021—1031）。

[2]延昌宫：穆宗所置宫衛。　殿前副點檢：後周世宗設置殿前司，以都點檢、副都點檢爲正副長官，位在都指揮使之上，爲禁軍統帥。宋初廢。遼設殿前都點檢、副都點檢當係模倣後周制。

[3]夏：即夏國（1038—1227），是以党項民族爲主體建立的政權。公元1038年，元昊叛宋稱帝，建立大夏王朝，傳十代，至1227年爲蒙古所滅。元昊稱帝以前，其作爲北宋境内的地方割據政權，已經具有獨立性。故遼亦稱之爲夏國或西夏。

[4]偏師：非主力之師。《左傳·桓公八年》：季梁曰："楚人上，左君必左。無與王遇，且攻其右。右無良焉，必敗。偏敗，衆乃攜矣。”

[5]烏古敵烈部：部族名。原爲二部。烏古又稱嫗厥律、于厥律，居契丹西北；敵烈又譯迪烈、敵烈德、迭烈德、達里底。遼時

以遊牧、捕獵爲業，分佈於臚朐河（今克魯倫河）流域。有八部，稱爲八部敵烈或八石烈敵烈。與烏古部並稱爲北邊大部。遼聖宗以敵烈部降人置迭魯敵烈部和北敵烈部。開泰四年（1015）築河董城於臚朐河北，安置敵烈、烏古降人。壽昌二年（1096），徙敵烈、烏古於烏納水西。遼置烏古敵烈統軍司以應對阻卜諸部的反抗。金末元初，敵烈人逐漸與女真人、蒙古人等同化。

[6]金肅軍：亦名金肅州。治所在今内蒙古自治區准格爾旗西北。

[7]漢人行宮都部署：遼在北南面官系統中，分別設契丹行宮都部署和漢人行宮都部署，其上則有諸行宮都部署。行宮都部署完全是倣中原王朝官制設置的，它不同於專管斡魯朵事務的某宮都部署的宮官。宋朝皇帝巡幸亦有行宮，且亦有行宮都部署之設。後避英宗趙曙名諱，改稱行宮都總管。詳本書卷四七《百官志三》。

[8]西南面招討使：西南面招討司長官。駐西京大同（今山西省大同市），負責對夏防務。

族弟黃八家奴告其主私議宮掖事，迭里得寢之。事覺，決大杖，削爵爲民。清寧中上以所坐事非迭里得所犯，起爲南京統軍使。[1]至是，從重元子涅魯古等亂，敗走被擒，伏誅。

[1]南京：遼五京之一。故址在今北京市。

古迭本宮分人，[1]不知姓氏。好戲狎，不喜繩檢。膂力過人，善擊鞠。[2]

[1]宮分人：有宮籍之人。宮籍起源甚早，遙輦氏時已經有宮分人存在。有宮籍的宮分人，多是統治者的私奴，但宮分人中也有

契丹權貴。宮籍是世襲的，宮分人"出宮籍"需要經皇帝特許。如韓德讓，就是既貴並且賜姓耶律之後纔"出宮籍"的。繼韓德讓之後，興宗時的漢人宮分人姚景行出宮籍也是在其官至翰林學士、樞密副使、參知政事以後。漢臣梁援，累世在遼朝作官，同時也具有宮籍。壽昌七年（1101）正月，道宗死後，由他充玄宮都部署，並撰上謚冊文。喪事既畢，始詔免其宮籍，而且"敕格餘人不以爲例，示特寵也"（《遼寧省博物館藏碑誌精粹》，文物出版社2000年版）。遼朝諸宮衛（斡魯朵）有所管轄人丁的統計數字，但奴婢不計算在內。遼亡之後，諸宮衛機構雖已不存，但那些宮戶、宮分人的身份並未改變，他們仍隸宮籍。於是，金朝始有宮籍監之設，用以管理這些宮戶，並依照新機構的名稱，稱他們爲"宮籍監戶"或"監戶"。遼朝一部分專門在皇帝身邊服役的"宮戶"又稱爲"著帳戶"。散居州縣當中的宮戶與民戶一樣要向國家交納賦稅，説明這些宮戶的身份已經發生了改變。宮戶所受剝削和壓迫定是相當沉重的，以至他們被迫逃亡。

　　[2]擊鞠：即打馬球，是當時流行的競技活動。因爲參賽者都在馬上擊球，奔馳的快馬有時會失控，因此具有一定的危險性。統和六年（988），一日承天太后觀看臣下擊鞠，她的寵臣韓德讓被胡里室衝撞墜馬，太后一怒之下，竟下令將胡里室斬首。今內蒙古自治區敖漢旗皮匠溝1號遼墓墓門西側的穹隆頂下部，有一幅打馬球圖。現存寬180釐米、高50釐米。畫面有多處剝落，但大體可辨。

　　重熙初爲護衛，歷宿直官。十三年西征，以古迭爲先鋒。夏人伏兵掩之，古迭力戰，麾下士多歿，乃單騎突出。遇夏王李元昊來圍，[1]勢甚急。古迭馳射，應弦輒仆；躍馬直擊中堅，夏兵不能當，晡乃還營。[2]改興聖宮太保。

　　清寧九年從重元、涅魯古亂，與扈從兵戰，敗而遁，追擒之，陵遲而死。

[1]李元昊（1003—1048）：小字嵬理，後更名曩霄，李德明長子。謚武烈皇帝，廟號景宗，陵號泰陵。宋天聖九年（1031）李德明死後嗣位，宋授爲定難軍節度、夏銀綏宥靜等州觀察處置押蕃落使、西平王。遼封他爲夏國王。宋寶元元年（1038）十月，他更名曩霄，建國號大夏，年號天授禮法延祚，自稱皇帝。進表宋朝，要求承認建國稱帝的既成事實，雙方隨即發生戰爭。七年後雙方重新談和。西夏國主稱臣，宋朝同意每年給予銀、絹、茶共二十五萬五千兩、匹、斤。夏宋談和，夏遼矛盾隨之激化。西夏景宗與遼興平公主婚後失和，再加上這時遼境内的党項部落多叛附西夏，糾紛益形擴大。遼興宗親征西夏，遭遇失敗。從此夏、宋、遼三方鼎峙的局勢形成。

[2]晡：申時。即午後三至五時。

撒剌竹，孟父房滌冽之孫。[1]性兇暴。

[1]孟父房：契丹以玄祖之後爲皇族，分爲三房：孟父房、仲父房和季父房。本書卷四五《百官志一》："玄祖伯子麻魯無後，次子巖木之後曰孟父房。"

清寧中累遷宣徽使，[1]改殿前都點檢，首與重元謀亂。會帝獵灤河，[2]重元恐事泄，與扈從軍倉卒而戰。其子涅魯古既死，同黨潰散。撒剌竹適在畋所，聞亂劫獵夫以援。既至，知涅魯古已死，大悔恨之，謂曰："我輩惟有死戰，胡爲若兒戲，自取殞滅？今行宮無備，乘夜劫之大事可濟。若俟明旦，彼將有備，安知我衆不攜貳。一失機會悔將無及。”重元、蕭胡覩等曰：“今夕但可四面圍之，勿令外軍得入，彼何能備！”不從。遲明投仗而走，撒剌竹戰死。

[1]宣徽使：遼朝官名。遼設北、南宣徽院，分隸北、南樞密院之下。宣徽北院使常執行軍事使命。此外，宣徽使還掌領朝會、宴饗、禮儀、祭祀及御前祇應之事。

[2]灤河：河流名。發源於今河北省張家口市境内，流經該省北部，至灤州市、樂亭縣分道入海。

奚回离保一名翰，字掞懶，奚王忒鄰之後。[1]善騎射，趫捷而勇，與其兄鼇里剌齊名。

[1]奚王：對奚部族首領的稱呼。據《五代會要》卷二八《奚》：“奚，本匈奴別種，即東胡之地，人物風俗與突厥同。族有五姓：一曰阿會部，管縣六；二曰啜米部，管縣四；三曰奥質部，管縣六；四曰奴皆部，管縣四；五曰黑訖支部，管縣三。每部有刺史，每縣有令，酋長號奚王。”此奚王是被契丹降伏以後的奚部族酋長。《新五代史》卷七四《四夷附録第三》所記奚各部名稱與《五代會要》相同：奚“分爲五部：一曰阿薈部，二曰啜米部，三曰粤質部，四曰奴皆部，五曰黑訖支部。後徙居琵琶川，在幽州東北數百里。地多黑羊，馬趫前蹄堅善走，其登山逐獸，下上如飛”。奚本來祇有五部，阿保機在降伏五部奚之後又設置墮瑰部，而成六部。詳本書卷三三《營衛志下·部族下》。

大安中車駕幸中京，[1]補護衛，稍遷鐵鷂軍詳穩。[2]天慶間徙北女直詳穩，[3]兼知咸州路兵馬事，[4]改東京統

軍。[5]既而諸蕃入寇悉破之，遷奚六部大王兼總知東路
兵馬事。

[1]大安：遼道宗耶律洪基年號（1085—1094）。　中京：遼五
京之一。稱大定府，故址在今內蒙古自治區寧城縣大明鎮。

[2]鐵鷂軍：據《通鑑》卷二八四後晉齊王開運二年（945）
三月胡注：契丹稱精騎爲“鐵鷂”，因其身被鐵甲，而馳突輕疾，
如鷂之搏鳥雀也。

[3]天慶：遼天祚帝耶律延禧年號（1111—1120）。　女直：部
族名。本作“女真”，因避遼興宗宗真名諱，改稱“女直”。遼時
居東北地區東部。其在南者入遼籍，稱“熟女真”或“合蘇館女
真”；在北者不入遼籍，稱“生女真”。

[4]咸州：州名。治所在今遼寧省開原市東北。

[5]東京：遼五京之一。故址在今遼寧省遼陽市。

保大二年金兵至，[1]天祚播遷，回离保率吏民立秦
晉國王淳爲帝。[2]淳僞署回离保知北院樞密事兼諸軍都
統，[3]屢敗宋兵。淳死其妻普賢女攝事。[4]是年金兵由居
庸關入，[5]回离保知北院，即箭笴山自立，[6]號奚國皇
帝，改元天復。[7]設奚、漢、渤海三樞密院，[8]改東、西
節度使爲二王，分司建官。

[1]保大：遼天祚帝耶律延禧年號（1121—1125）。

[2]秦晉國王淳：即耶律淳（1062—1122）。興宗第四孫，南京
留守、宋魏王和魯斡之子。遼亡前夕保大二年（1122）在燕京立爲
帝，年號建福，降封天祚先帝爲湘陰王。數月後死去，廟號宣宗。
傳附本書卷三〇《天祚皇帝本紀四》。

[3]都統：官名。唐乾元中，始以都統名官，總諸道征伐。後若調諸道兵馬會戰，多置此職，爲臨時軍事長官，不賜旌節，事解即罷。遼設諸兵馬都統署司，下有諸路兵馬都統署，都統爲其長官。

[4]普賢女：耶律淳妻德妃。耶律淳死，遺命遙立天祚第五子秦王定爲帝，德妃爲皇太后，稱制。保大二年（944）六月改建福爲德興元年。十二月金兵至居庸關，德妃奔天德軍，見天祚，被殺。

[5]居庸關：要塞名。在今北京市昌平區西北。《畿輔通志》卷四〇："居庸關在昌平州西北二十四里，關門南北相距四十里。兩山夾峙，下有巨澗、懸崖峭壁，稱爲絶險。《淮南子》：'天下九塞，居庸其一也。'……《水經注》：'居庸關在上谷沮陽城東南六十里，絶谷累石，崇墉峻壁，山岫層深，側道褊狹，林障邃險，路僅容軌。'杜氏《通典》：北齊改居庸爲納欵關。《唐十道志》居庸亦名薊門關，《新唐書·地理志》居庸關亦謂之軍都關。"

[6]箭笴（gǎn）山：地名。胡損奚所居地。【靳注】此爲山名。在今河北省撫寧縣東北葦子峪外。

[7]號奚國皇帝，改元天復：【劉校】據中華點校本校勘記，本書卷二九《天祚皇帝本紀三》載，保大二年十一月金人下居庸關。保大三年正月，回离保自立，改元天復。

[8]渤海樞密院：負責管理渤海遺民事務。

　　時奚人巴軱、韓家奴等引兵擊附近契丹部落，劫掠人畜，群情大駭。會回离保爲郭藥師所敗，[1]一軍離心，其黨耶律阿古哲與其甥乙室八斤等殺之，僞立凡八月。[2]

　　[1]郭藥師：渤海鐵州（今吉林省和龍市西北一百里太陽城古城）人。遼末，募遼東饑民爲怨軍，藥師爲怨軍首領。後耶律淳改怨軍爲常勝軍，藥師附於宋，又降金。《宋史》卷四七二、《金史》卷八二有傳。

［2］僞立凡八月：【劉校】據中華點校本校勘記，按回离保於三年正月自立，五月爲衆所殺，實不及八月。

蕭特烈字訛都椀，遙輦注可汗宮分人。[1]乾統中入宿衛，出爲順義軍節度使。天慶四年同知咸州路兵馬事。五年以兵敗奪節度使。

［1］遙輦注可汗：遙輦氏第一任可汗。

保大元年遷隗古部節度使。[1]及天祚在山西集群牧兵，[2]特烈爲副統軍。聞金兵將至，特烈諭士卒以君臣之義死戰于石輦鐸。[3]金兵不戰，特烈伺間欲攻之。天祚喜甚，召嬪御諸子登高同觀，將詫之。金兵望日月旗，知天祚在其下，以勁兵直趨奮擊，無敢當者，天祚遁走。特烈所至招集散亡，尋爲中軍都統，復敗于梯己山。

［1］隗古部：【劉校】據中華點校本校勘記，本書卷三三《營衛志下》、卷三五《兵衛志中》並作“隗烏古部”。
［2］群牧：契丹專門管理畜群的機構。諸路設群牧使司，下設某群太保、某群侍中、某群敵史；朝廷設總典群牧使司，有總典群牧部籍使、群牧都林牙。以“群”爲單位設某群牧司，設群牧使、群牧副使。此外，還有祇管理馬及牛群的機構。遼亡之後，金稱契丹群牧爲“烏魯古”。
［3］石輦鐸：【靳注】亦作“石輦驛”。地名。在今山西省大同市西北。

天祚決意渡河奔夏，從臣切諫不聽，人情惶懼不知所爲。特烈陰謂耶律兀直曰：“事勢如此，億兆離心，正我輩效節之秋，不早爲計奈社稷何！”遂共劫梁王雅里奔西北諸部，[1]僞立爲帝，特烈自爲樞密使。[2]

　　[1]梁王雅里：梁王是遼中期以後皇位繼承人的封號。聖宗早年曾受封爲梁王，開泰七年（1018）宗真三歲時即受封爲梁王。這表明，宗真作爲皇位繼承人的地位，已經確定。雅里是天祚第二子，七歲封梁王。保大三年（1123）天祚奔夏，衆推雅里稱帝，改元神曆。後以疾卒，年三十。

　　[2]特烈自爲樞密使：【劉校】據中華點校本校勘記，本書卷三〇《天祚皇帝本紀四》保大五年（1125）附雅里紀事，以耶律敵烈爲樞密使，特母哥副之。

　　雅里卒，欲擇可立者。會耶律兀直言尤烈才德純備，兼興宗之孫，衆皆曰可，遂僭立焉，特烈僞職如故。未三旬，與尤烈俱爲亂兵所殺。

　　論曰：遼之秉國鈞，握兵柄，節制諸部帳，非宗室外戚不使，豈不以爲帝王久長萬世之計哉。及夫肆叛逆，致亂亡，皆是人也。有國家者可不深戒矣乎！[1]

　　[1]可不深戒矣乎：【劉校】可不，原本誤作“不可”。明抄本、南監本、北監本和殿本均作“可不”。中華點校本、修訂本和補注本徑改。今從改。

（李錫厚注　劉鳳翥校）

遼史　卷一一五

二國外記第四十五

高麗

　　高麗自有國以來，傳次久近、人民土田歷代各有其志，[1]然高麗與遼相爲終始二百餘年。[2]

　　[1]人民土田：《宋史》卷四八七《高麗傳》載："其國東西二千里，南北五百里，西北接契丹，恃鴨綠江以爲固，江廣三百步。其東所臨，海水清澈，下視十丈，東南望明州，水皆碧。""凡三京、四府、八牧、郡百有十八、縣鎮三百九十、洲島三千七百。郡邑之小者，或只百家。男女二百十萬口，兵、民、僧各居其一。地寒多山，土宜松栢，有秔、黍、麻、麥而無秫，以秔爲酒。少絲蠶，匹縑直銀十兩，多衣麻紵。王出，乘車駕牛，歷山險乃騎。紫衣行前，捧《護國仁王經》以導。出令曰教，曰宣。臣民呼之曰聖上，私謂曰嚴公，后妃曰宮主。百官名稱、階、勳、功臣、檢校，頗與中朝相類。"【劉注】"南北五百里"，"五"前脫"千"字。《宋史》卷四八七《高麗傳》大中祥符八年（1015）條載"國境南北千五百里，東西二千里。"

[2]高麗與遼相爲終始二百餘年：王氏高麗（918—1392）享國474年，遼亡於1125年，兩國並立時間達207年。《新五代史》卷七四《四夷附錄第三》"高麗"載："長興三年權知國事王建遣使者來，明宗乃拜建玄菟州都督、充大義軍使，封高麗國王。"王建立國15年後，始受後唐明宗册封。

自太祖皇帝神册間，[1]高麗遣使進寶劍。[2]天贊三年來貢。[3]太宗天顯二年來貢。[4]會同二年受晉上尊號册，[5]遣使往報。

[1]神册：遼太祖耶律阿保機年號（916—922）。

[2]高麗遣使進寶劍：【劉校】據中華點校本校勘記，本書卷一《太祖本紀上》載太祖九年（915）十月，"高麗遣使進寶劍"。按，進寶劍的"高麗"其實是僧人弓裔於公元901年在今朝鮮半島北部建立的後高句麗。太祖九年時爲後梁乾化五年（915），至918年，後高句麗爲王建的高麗王朝所滅。

[3]天贊三年來貢：天贊，遼太祖耶律阿保機年號（922—926）。《高麗史》卷一《太祖世家一》載："壬午五年（922）春二月，契丹來遺橐駝、馬及氊。"天贊三年高麗"來貢"，當是對天贊元年（壬午，922）"橐駝、馬及氊"的酬答。本書卷二《太祖本紀下》，高麗向遼遣使，初見於天贊四年（925）冬十月辛巳，"高麗國來貢"。

[4]天顯：遼太宗耶律德光年號（926—938）。

[5]會同：遼太宗耶律德光年號（938—947）。《宋史》卷四八七《高麗傳》載："晉天福中復來朝貢。"是指契丹立晉及接受晉上尊號册禮後，高麗仍向晉稱臣。

聖宗統和三年秋七月，[1]詔諸道各完戎器，以備東征高麗。八月以遼澤沮洳罷師。十年以東京留守蕭恒德伐高麗。[2]十一年，王治遣朴良柔奉表請罪，[3]詔取女直國鴨淥江東數百里地賜之。[4]十二年入貢。三月王治遣使請所俘生口，詔贖還之，[5]仍遣使撫諭。十二月王治進妓樂，詔却之。十三年治遣李周楨來貢，又進鷹。十月遣李知白奉貢。十一月遣使冊治爲王。遣童子十人來學本國語。十四年王治表乞爲婚姻，[6]以東京留守駙馬蕭恒德女下嫁之。六月遣使來問起居。自是至者無時。

[1]統和：遼聖宗年號（983—1012）。

[2]東京：遼五京之一。治所在今遼寧省遼陽市。　蕭恒德（？—997）：字遜寧。國舅少父房之後。蕭排押弟，本書卷八八有傳。

[3]王治（？—994）：高麗國王。太平興國七年（982）襲位，並接受宋朝封冊。但亦不敢得罪契丹。此次遣使契丹，奉表請罪，是因上年末受到契丹征伐。事後又求助於宋，宋未能相助，故此後倒向契丹。據《宋史》卷四八七《高麗傳》載：淳化五年（遼統和十二年，994）六月，“遣使元郁來乞師，愬以契丹寇境。朝廷以北鄙甫寧，不可輕動干戈，爲國生事，但賜詔慰撫，厚禮其使遣還。自是受制于契丹，朝貢中絕”。《高麗史》卷三《成宗世家》甲午十三年（遼統和十二年，994）四月，“是月遣侍中朴良柔奉表如契丹，告行正朔，乞還俘口”。行遼正朔，即向遼稱臣。但隨後仍“六月遣元鬱如宋，乞師以報前年之役。宋以北鄙甫寧，不宜輕動，但優禮遣還。自是與宋絕”。

[4]女直：部族名。本作“女真”，因避遼興宗宗真名諱，改稱“女直”。遼時居東北地區東部。其在南者入遼籍，稱“熟女真”或“合蘇館女真”；在北者不入遼籍，稱“生女真”。　鴨淥

江：即今鴨綠江。

[5]詔贖還之：【劉校】據中華修訂本校勘記，“贖”原作“續”。本書卷一三《聖宗本紀四》統和十二年三月丁巳云：“高麗遣使請所俘人畜，詔贖還。”今據改。《羅校》謂：“‘續’當作‘贖’。”

[6]婚姻：【劉校】原本作“昏姻”，明抄本、南監本、北監本、殿本作“婚姻”。中華點校本和補注本徑改。今從。中華修訂本仍作“昏姻”。

十五年韓彥敬來納聘幣，[1]弔駙馬蕭恒德妻越國公主薨。[2]十一月治薨，其姪誦遣王同穎來告。[3]十二月遣使致祭，詔其姪誦權知國事。[4]十六年遣使冊誦爲王。二十年誦遣使賀伐宋之捷。七月來貢本國《地里圖》。二十二年以南伐事詔諭之。二十三年高麗聞與宋和，遣使來賀。二十六年進龍鬚草席，及賀中京城。[5]二十七年，承天皇太后崩，[6]遣使報以國哀。二十八年誦遣魏守愚等來祭。[7]三月使來會葬。

[1]韓彥敬：【劉校】據中華修訂本校勘記，本書卷一三《聖宗本紀四》統和十五年（997）七月丙子同，《高麗史》卷三《成宗世家》成宗十五年（遼統和十四年，996）三月作“韓彥卿”。

[2]越國公主（976—997）：景宗第三女延壽女。生母爲睿智皇后。下嫁蕭恒德。公主疾，太后遣宮人賢釋侍之，恒德私焉。公主恚而薨，太后怒，恒德賜死。

[3]誦：王誦（？—1010），高麗國王。遼統和十五年十一月其叔治卒，誦繼位，十六年遼遣使冊誦爲高麗國王。二十八年高麗西京留守康肇弑誦，擅立誦從兄詢。

　　[4]詔其姪誦權知國事：【劉校】中華點校本校勘記云，"誦"原誤"記"。據下文及道光殿本改。今從。

　　[5]中京：遼中京稱大定府。治所在今内蒙古自治區寧城縣大明鎮。　"二十六年"至"中京城"：本書卷一四《聖宗本紀五》統和二十六年（1008）五月丙寅，"高麗進龍鬚草席。己巳，遣使賀中京成"。另據卷七〇《屬國表》，統和二十六年"高麗進文化、武功兩殿龍鬚草地席"。可知高麗所進龍鬚草席是爲中京新建的文化、武功二殿鋪地用的。

　　[6]承天皇太后（？—1009）：諱綽，小字燕燕，北府宰相蕭思温女。景宗即位，選爲貴妃。尋册爲皇后，生聖宗。景宗崩，尊爲皇太后，攝國政。統和元年（983），上尊號曰承天皇太后。

　　[7]魏守愚：據本書卷一五《聖宗本紀六》，承天太后崩，統和二十八年（1010）二月"己亥，高麗遣魏守愚等來祭"。

　　五月高麗西京留守康肇弑其主誦，[1]擅立誦從兄詢。[2]八月，聖宗自將伐高麗，報宋。遣引進使韓杞宣問詢。[3]詢奉表乞罷師，不許。十一月大軍渡鴨淥江，康肇拒戰于銅州，[4]敗之。肇復出，右皮室詳穩耶律敵魯擒肇等[5]，追奔數十里，獲所棄糧餉、鎧仗，銅、霍、貴、寧等州皆降。詢上表請朝，許之。禁軍士俘掠。以政事舍人馬保祐爲開京留守，[6]安州團練使王八爲副留守。[7]太子太師乙凜將騎兵一千，送保祐等赴京。守將卓思正殺我使者韓喜孫等十人，[8]領兵出拒，保祐等復還。乙凜領兵擊之，思正遂奔西京。[9]圍之五日不克，駐蹕于城西佛寺。高麗禮部郎中渤海陁失來降。[10]遣排押、盆奴攻開京，[11]遇敵于京西，敗之。詢棄城遁走，遂焚開京，至清江而還。二十九年正月班師，所降諸城復叛。至貴州南嶺谷，[12]大雨連日，霽乃得渡，馬馳皆疲乏，甲仗多遺棄。次鴨淥江，以所俘人分置諸陵廟，餘賜內戚、大臣。

[1]康肇：又作"康兆"。據《高麗史》卷三《穆宗世家》，己西十二年（統和二十七年，1009）正月壬申"西京都巡檢使康兆領甲卒而至，遂謀廢立。二月戊子，請王出御龍興歸法寺。己丑，日色如張紅幕，兆兵闌入宮門，王知不免，與太后號泣出御法王寺。俄而俞義等奉院君而至，遂即位。兆廢王爲讓國公，遣兵殺金致陽父子及庾行簡等七人。王出自宣仁門，侍臣初皆步從，至是始有騎而從者。至歸法寺，解御衣，換食而進。兆召還沇等供職，王謂沇曰：'頃府庫災而變起所忽，皆由予不德，夫復何怨。但願歸老於鄉，卿可奏新君且善輔佐。'遂向忠州。太后欲食，王親奉盤盂，太后欲御馬，王親執鞚。行至積城縣，兆使人弒之。以王自刎聞。取門扇爲棺，權厝於館。王在位十二年，壽三十"。契丹是通過女真人得知高麗王誦遇弒的。《高麗史》卷四《顯宗世家一》庚戌元年（遼統和二十八年，1010）五月甲申"女真訴于契丹，契丹主謂群臣曰：'高麗康兆弒君，大逆也，宜發兵問罪'"。此次戰爭，女真助高麗抗拒契丹。《三朝北盟會編》卷三"政宣上帙三"載，大中祥符三年（1010），"契丹征高麗，過其國（女真），乃與高麗合拒契丹。"

[2]詢：王詢，高麗王朝第八任君主，字安世，公元992年至1031年在位。廟號顯宗。擅立誦從兄詢：【劉校】據中華點校本校勘記，按《宋史》卷四八七《高麗傳》作"誦卒，弟詢權知國事"。

[3]韓杞：《高麗史》卷四《顯宗世家一》庚戌元年冬（統和二十八年，1010）十月癸丑，"契丹遣給事中高正、閤門引進使韓杞來告興師。參知政事李禮均、右僕射王同穎如契丹請和"。

[4]銅州：渤海置，遼屬東京道。下轄析木縣，治所在今遼寧省海城市。【劉校】據中華修訂本校勘記，此處"銅州"，當作"通州"。《高麗史》卷四《顯宗世家》顯宗元年十一月己亥、《東國統鑑》卷一五《高麗紀·顯宗元文王》元年十一月丁酉均作"通州"。又據《長編》卷七四宋真宗大中祥符三年（1010）十一月壬辰、《宋史》卷四八七《高麗傳》載，是時高麗於北邊築通州等六城，此處"銅州"當爲"通州"之誤。

[5]皮室：契丹軍名。意爲"金剛"。初爲阿保機所置，稱"腹心部"。後有南、北、左、右皮室及黃皮室等，皆掌精甲。　詳穩：遼朝軍官名。元帥府下設大詳穩司。本書卷一一六《國語解》："詳穩，諸官府監治長官。""詳穩"即漢語"將軍"的轉譯。【劉注】"詳穩"即漢語"將軍"的轉譯的説法似有值得商榷之處。在契丹小字中，"詳穩"作 [契丹字]，"將軍"作 [契丹字] [契丹字]，或 [契丹字] [契丹字]、[契丹字] [契丹字]；在契丹大字中，"詳穩"作 [契丹字]，"將軍"作 [契丹字]。"詳穩"不是漢語"將軍"的轉譯，而是音譯的契丹語，契丹語中"將軍"是漢語借詞。　耶律敵魯：善醫，其先本屬五院部，早年隸屬宮分。本書卷八八有傳。

[6]開京：高麗國都。治所在今朝鮮開城市。《高麗史》卷二《光宗世家》：十一年（遼應曆十年，960）"改開京爲皇都；西京爲西都"。《宋史》卷四八七《高麗傳》："王居開州蜀莫郡，曰開成府。依大山置宮室，立城壁，名其山曰神嵩。民居皆茅茨，大止兩椽，覆以瓦者才十二。以新羅爲東州樂浪府，號東京。百濟爲金州金馬郡，號南京。平壤爲鎮州，號西京。西京最盛。"宋人徐兢《宣和奉使高麗圖經》卷三《國城》："今王城在鴨綠水之東南千餘里，非平壤之舊矣。其城周圍六十里，山形繚繞，雜以沙礫，隨其地形而築之，無濠塹，不施女牆，列構延屋如廊廡狀，頗類敵樓，雖施兵仗以備不虞，而因山之勢非盡堅高，至其低處則不能受敵。萬一有警，信知其不足守也。"

[7]安州：原渤海國安邊府。治所在今俄羅斯濱海邊疆區奧莉加。以漢臣馬保佑與渤海地方官王八爲開京正、副留守，是爲了緩和當地人民的反抗。

[8]卓思正：《高麗史》作"卓思政"，康肇同黨，開京守將，本書卷一五《聖宗本紀六》統和二十八年（1010）十一月"壬辰，守將卓思正殺遼使者韓喜孫等十人，領兵出拒，保祐等還。遣乙凜領兵擊之，思正遂奔西京。"

[9]西京：高麗以平壤爲西京。《高麗史》卷七七《百官志二》載"西京留守官：太祖元年置平壤大都護府，遣重臣二人守之。置參佐四五人。成宗十四年，置知西京留守事一人，三品以上；副留守一人，四品以上……忠宣王以後，改平壤府，置尹，從二品；少尹，正四品；判官，正五品；參軍，正七品。忠肅王以安定道存撫使兼平壤府尹"。

[10]高麗禮部郎中渤海陁失來降：契丹滅亡渤海後，逃到高麗者甚衆。《高麗史》卷一《太祖世家一》載：乙酉八年（遼天顯四年，925）"秋九月丙申，渤海將軍申德等五百人來投。庚子，渤海禮部卿大和鈞、老司政大元鈞、工部卿大福謩、左右衛將軍大審理等率民一百户來附。渤海本粟末靺鞨也。唐武后時高勾麗人大祚榮走保遼東，睿宗封爲渤海郡王，因自稱渤海國。併有扶餘、蕭慎等十餘國，有文字、禮樂、官府制度、五京、十五府、六十二州，地方五千餘里，衆數十萬。鄰於我境而與契丹世讎。至是契丹主謂左右曰：'世讎未雪，豈宜安處。'乃大舉攻渤海大諲譔，圍忽汗城。大諲譔戰敗乞降，遂滅渤海。於是其國人來奔者相繼"。

[11]排押：即蕭排押（？—1023）。字韓隱，國舅少父房之後。統和二十二年與宋和議成，爲北府宰相。兩度從聖宗征高麗。本書卷八八有傳。　盆奴：即耶律盆奴，字胡獨堇，惕隱涅魯古之孫。統和二十八年征高麗，盆奴爲先鋒。至銅州，盆奴率耶律弘古擊破三水營，擒肇，擊潰李玄蘊等軍，追至開京，本書卷八八有傳。

[12]貴州南嶺谷:【劉校】據中華點校本校勘記,"貴州"原誤"貴德州"。本書卷一五《聖宗本紀六》統和二十八年十一月"戊子,銅、霍、貴、寧等州皆降",二十九年正月"至貴州南峻嶺谷"。今據改。"南嶺谷",《紀》作"南峻嶺谷"。

開泰元年詢遣蔡忠順來乞稱臣如舊,[1]詔詢親朝。八月遣田拱之奉表,稱病不能朝。[2]詔復取六州之地。二年耶律資忠使高麗取地,[3]未幾還。三年資忠復使,如前索地。五月詔國舅詳穩蕭敵烈、東京留守耶律團石等造浮梁于鴨淥江,城保(宣義)、〔宣〕(定遠)等州。[4]四年命北府宰相劉慎行爲都統,[5]樞密使耶律世良爲副,[6]殿前都點檢蕭虛烈爲都監。慎行挈家邊上,致緩師期,追還之。[7]以世良、虛烈總兵伐高麗。五年世良等與高麗戰于郭州西,[8]破之。六年樞密使蕭合卓爲都統,[9]漢人行宮都部署王繼忠爲副、[10]殿前都點檢蕭虛烈爲都監進討。蕭合卓攻興化軍不克,[11]師還。七年詔東平郡王蕭排押爲都統,蕭虛烈爲副統,[12]東京留守耶律八哥爲都監,復伐高麗。十二月蕭排押與戰于茶、陁二河之間,[13]我軍不利,天雲、右皮室二軍没溺者衆,天雲軍詳穩海里、遙輦帳詳穩阿果達、客省使酌古、渤海詳穩高清明等皆没于陣。八年詔數排押討高麗罪,釋之。加有功將校,益封戰没將校之妻,録其子弟。以南皮室軍校有功,[14]賜衣物銀絹有差,出金帛賜肴里、涅哥二奚軍。八月遣郎君曷不呂等率諸部兵,會大軍同討高麗。詢遣使來乞貢方物。九年資忠還,以詢降表進,釋詢罪。

[1]乞稱臣如舊:《高麗史》卷四《顯宗世家一》元年（遼統和二十八年，1010）十月戰事開始後，高麗即"遣河拱辰及户部員外郎高英起奉表往丹營請和"。

[2]稱病不能朝:據《高麗史》卷四《顯宗世家一》三年（遼開泰元年，1012）六月甲子"遣刑部侍郎田拱之如契丹夏季問候，且告王病不能親朝。丹主怒，詔取興化、通州、龍州、鐵州、郭州、龜州等六城"。

[3]耶律資忠:字沃衍，小字札剌，系出仲父房。博學，工辭章。開泰中授中丞。初，高麗臣服，遼取女直六部地賜高麗。後與高麗交惡，遼聖宗詔資忠前往索還六州舊地。高麗無歸地意。三年（1014）再使高麗，被留。資忠每懷君親，輒有著述，號《西亭集》。返回後，出知來遠城事，歷保安、昭德二軍節度使。本書卷八八有傳。《高麗史》卷四《顯宗世家一》於顯宗四年（遼開泰二年，1013）三月戊申載"契丹使左監門衛大將軍耶律行平來，責取興化等六城"。秋七月戊申又載:"契丹使耶律行平復來索六城。"乙卯（開泰四年，1015）夏四月庚申又載:"契丹使將軍耶律行平來，又索六城，拘留不遺。"此耶律行平即《遼史》中的耶律資忠。行平（資忠）直至開泰九年（1020）纔被高麗放回。《高麗史》卷四《顯宗世家一》於顯宗十一年（遼開泰九年，1020）三月癸丑載:"歸契丹使耶律行平。"《宋史》卷四八七《高麗傳》:"先是，契丹既襲高麗，遂築六城曰興州、曰鐵州、曰通州、曰龍州、曰龜州、曰郭州于境上。契丹以爲貳已，遣使來求六城，詢不許。遂舉兵，奄至城下，焚蕩宮室，剽劫居人。詢徙居昇羅州以避之，兵退，乃遣使請和。契丹堅以六城爲辭，自是調兵守六城。大中祥符三年，大舉來伐，詢與女真設奇邀擊，殺契丹殆盡。"

[4]城保（宣義）、〔宣〕（定遠）等州:中華點校本作"城保、宣義、定遠等州"。保，即保州。初治今遼寧省丹東市九連城附近，後治於今朝鮮平安北道義州。據本書卷三八《地理志二·東京道》:"保州，宣義軍，節度。高麗置州，故縣一，曰來遠。聖宗

以高麗王詢擅立，問罪不服，統和末高麗降，開泰三年取其保、定二州，於此置榷場。隸東京統軍司。"宣義是保州軍號，不是州名。定遠是宣州軍號，也不是州名。故原文中"定遠"二字前當加"宣"字。又據本書《地理志二·東京道》："宣州，定遠軍，刺史。開泰三年徙漢戶置。隸保州。"宣州治所在今朝鮮平安北道義州附近。

[5]劉慎行：河間（今河北省河間市）人。官至北府宰相、監修國史。其三子嘏、四子端俱尚主，二子劉二玄又是遼聖宗之弟秦晉國王隆慶之妃的第三任丈夫。重熙七年（1038）十二月，慎行之子劉六符出任參知政事，曾多次出使宋朝，在與宋朝辦理交涉中，以強硬著稱，本書卷八六有傳。本書卷一五《聖宗本紀六》，"劉慎行"又作"劉晟"。

[6]耶律世良（？—1016）：小字斡，六院部人。開泰四年（1015）伐高麗，爲副部署。本書卷九四有傳。

[7]追還之：本書卷九四《耶律世良傳》："都統劉慎行逗留失期，執還京師。"

[8]郭州：地當自鴨綠江進軍西京平壤途中。屬高麗"江東六州"之一。《高麗史》卷四《顯宗世家一》顯宗元年（遼統和二十八年，1010）十一月己亥"康兆與契丹戰於通州，敗績就擒。庚戌丹兵陷郭州。壬子丹兵至清水江，安北都護府使、工部侍郎朴暹棄城遁，州民皆潰。癸丑，丹兵至西京，焚中興寺塔"。

[9]蕭合卓（？—1025）：突呂不部人。字合魯隱。始爲本部吏。統和十八年（1000）使宋還，遷北院樞密副使。開泰三年（1014）爲左夷离畢。本書卷八一有傳。

[10]王繼忠（？—1023）：宋降將。本書卷八一有傳。《宋史》卷二七九《王繼忠傳》載："［繼忠］開封人。真宗在藩邸，得給事左右，以謹厚被親信。即位，補內殿崇班，累遷至殿前都虞候，領雲州觀察使，出爲深州副都部署，改鎮、定、高陽關三路鈐轄兼河北都轉運使，遷高陽關副都部署，俄徙定州。咸平六年，契丹數

萬騎南侵，至望都，繼忠與大將王超及桑贊等領兵援之。繼忠至康村，與契丹戰，自日昳至乙夜，敵勢小卻。遲明復戰，繼忠陣東偏，爲敵所乘，斷餉道，超、贊皆畏縮退師，竟不赴援。繼忠獨與麾下躍馬馳赴，服飾稍異，契丹識之，圍數十重。士皆重創，殊死戰，且戰且行，旁西山而北，至白城，遂陷於契丹。真宗聞之震悼，初謂已死，優詔贈大同軍節度，賵賻加等，官其四子。景德初，契丹請和，令繼忠奏章，乃知其尚在。朝廷從之，自是南北戢兵，繼忠有力焉。歲遣使至契丹，必以襲衣、金帶、器幣、茶藥賜之，繼忠對使者亦必泣下。嘗附表懇請召還，上以誓書約各無所求，不欲渝之，賜詔諭意。契丹主遇繼忠甚厚，更其姓名爲耶律顯忠，又改名宗信，封楚王。”

[11]興化軍：《高麗史》作“興化鎮”。卷四《顯宗世家一》顯宗八年（遼開泰六年，1017）秋七月癸巳“契丹蕭合卓圍興化鎮，攻之九日，不克。將軍堅一、洪光、高義出戰，大敗之，斬獲甚多”。

[12]蕭虛烈爲副統：【劉校】“蕭”原本誤作“肅”，明抄本、南監本、北監本和殿本均作“蕭”。中華點校本、修訂本、補注本徑改。今從。

[13]茶、陀二河：據本書卷八八《蕭排押傳》：“（開泰）七年，再伐高麗，至開京，敵奔潰，縱兵俘獲而還。渡茶、陀二河，敵夾射。”此二河應在開京以北朝鮮半島境內。

[14]以南皮室軍校有功：【劉校】據中華點校本校勘記，“軍校”二字原闕，本書卷一六《聖宗本紀七》開泰八年六月乙巳，“以南皮室軍校等討高麗有功，賜金帛有差”。今據補。

太平元年詢薨，[1]遣使來報嗣位，即遣使册王欽爲王。九年賜欽物。十一年聖宗崩，遣使告哀。[2]七月使來慰奠。

[1]詢薨：此處記載有誤。據《高麗史》卷五，王詢卒於 1031
年，時年當遼太平十一年或景福元年。《高麗史》載王詢薨年四十，
在位二十二年。【劉校】據中華點校本校勘記，《高麗史》卷五
《德宗世家》，詢卒於辛未（遼太平十一年），五月辛未。本書卷一
六《聖宗本紀七》，太平二年十二月辛丑，"高麗王詢薨"，亦誤。

[2]聖宗崩，遣使告哀：《高麗史》卷五《德宗世家》辛未年
秋七月己未，"契丹報哀使工部郎中南承顏來告聖宗崩，宣詔於顯
宗返魂堂。辛酉，王引契丹報哀使舉哀於內殿。"

興宗重熙七年，來貢。十二年三月以加上尊號，來
賀。十三年遣使來貢。十四年三月又來貢。[1]十五年入
貢。八月王欽薨，[2]遣使來告。十六年來貢。明年又來
貢。十九年，復貢。六月遣使來賀伐夏之捷。二十二年
入貢。二十三年四月王徽請官其子，詔加檢校太尉。[3]

[1]十四年三月：【劉校】據中華修訂本校勘記，"十四年"前
原衍"三"字，顯誤，今刪。從刪。

[2]王欽薨：據《高麗史》卷五《德宗世家》，甲戌年（遼重
熙三年，1034）"九月癸卯王寢疾，顧命曰：'朕疾不瘳，已至大
漸，宜以愛弟平壤君亨纘登寶位。'遂薨於延英殿，殯於宣德殿，
在位三年，壽十九"。卒於重熙十五年（1046）的不是王欽，而是
其繼立者、弟王亨。《高麗史》卷六《靖宗世家》丙戌年（遼重熙
十五年，1046）五月丁酉"王疾彌留，召弟樂浪君徽入臥內，詔令
權摠國事。詔曰：'朕承先君之末，命嗣累聖之丕圖十有二載，賴
天之休，國內乂安。春夏以來，憂勞爽和，藥石無效，遂至大漸。
欲以神器歸之有德。內史令樂浪君徽，朕之愛弟也，仁孝恭儉，聞
於鄰國，宜傳大寶，以顯耿光。'是日薨，壽三十三，在位十二
年"。

[3]檢校：職官制度用語。唐宋皆有檢校官，屬加官而非正授。

　　興宗崩，道宗即位，清寧元年八月遣使報國哀，以先帝遺留物賜之。十一月使來會葬。二年、三年皆來貢。四年春遣使報太皇太后哀。五月使來會葬。咸雍七年、八年來貢。[1]十二月以佛經一藏賜徽。九年、十年來貢。大康二年三月皇太后崩，遣使報哀。[2]六月使來弔祭。四年王徽乞賜鴨淥江以東地，不許。[3]九年八月王徽薨，[4]以徽子三韓國公勳權知國事。十二月勳薨。[5]大安元年册勳子運爲國王。[6]二年遣使來謝封册。三年來貢。四年三月免歲貢。五年、六年連貢。九年賜王運羊。十年運薨，子昱遣使來告，即賻贈。壽隆元年來貢。十一月王昱病，命其子顯權知國事。[7]二年來貢。三年三月王昱薨。五年王顯乞封册。六年封顯爲三韓國公。[8]

　　[1]咸雍七年、八年來貢：【劉校】據中華點校本校勘記，"咸雍"二字原脱，本書卷二二《道宗本紀二》咸雍七年（1071）十一月丙午，"高麗遣使來貢"；本書卷二三《道宗本紀三》咸雍八年六月丁丑，"高麗遣使來貢"。今據補。
　　[2]大康二年三月皇太后崩，遣使報哀：【劉校】據中華點校本校勘記，"二"原誤"元"。本書卷二三《道宗本紀三》大康二年（1076）三月辛酉，"皇太后崩，遣使報哀於高麗"。據改。
　　[3]乞賜鴨淥江以東地：本書卷二三《道宗本紀三》載此事於大康四年夏四月辛亥，"高麗遣使乞賜鴨淥江以東地，不許"。
　　[4]王徽薨：《高麗史》卷九《文宗本紀》癸亥年（大康九年）秋七月辛酉，"王疾篤……遂薨於重光殿，殯於宣德殿之西。壽六

十五，在位三十七年。"

[5]十二月勳薨：【劉校】據中華點校本校勘記，按《高麗史》卷九《文宗世家三》，勳死於大康九年十月乙未。

[6]勳子運：王運是王勳之弟。《高麗史》卷一〇《宣宗世家》："宣宗安成思孝大王諱運，字繼天，古諱蒸，又祈，文宗第二子，順宗母弟。文宗三年九月庚子生……三十七年七月順宗即位，加守太師兼中書令。十月乙未順宗薨，丙申奉遺詔服袞冕即位於宣政殿，受百官賀。"

[7]命其子顒權知國事：《高麗史》卷一一《肅宗世家一》："肅宗明孝大王諱顒，字天常，古諱熙，文宗第三子，順宗母弟……獻宗即位進守太師兼尚書令，明年八月爲中書令，十月己巳獻宗下制禪位，王謙讓再三，庚午即位於重光殿。"

[8]封顒爲三韓國公：封三韓國公者非顒，而是其子俁。《高麗史》卷一一《肅宗世家一》庚辰五年（壽昌六年，1100）十月壬子"遼遣蕭好古、高士寧來册王太子，勑曰：'卿嗣膺祖服，遙臨海表之區，將建後昆，虔俟天朝之命。……册命卿長子俁爲三韓國公。'"

七年道宗崩，天祚即位改爲乾統元年，報道宗哀，使來慰奠。十二月遣使來賀。五年三韓國公顒薨，子俁遣使來告。[1]八月封俁爲三韓國公，贈其父顒爲國王。[2]十二月遣使來謝。九年來貢。天慶二年王俁母薨，來告，遣使致祭，起復。三年遣使來謝致祭，又來謝起復。十年乞兵于高麗以禦金，[3]而金人責之。至是遼國亡矣。

[1]子俁遣使來告：【劉校】"俁"，原本、明抄本、南監本、

北監本和殿本均誤作"侯"，《羅校》謂："'侯'，《紀》（卷二七）作'俁'，是。下二'侯'，均當作'俁'。"中華點校本、修訂本和補注本逕改。據改。

[2]封俁爲三韓國公，贈其父顒爲國王：【劉校】據中華點校本校勘記，按《高麗史》卷一一一《肅宗世家一》，壽昌三年（1097）封顒爲高麗王，六年封俁爲三韓國公。又卷一一二《睿宗世家一》，六年二月，遼遣使册俁爲高麗王，顒無追封之事。

[3]乞兵于高麗以禦金：當時金亦與高麗聯絡，而且高麗見遼將亡，並無救援之意。《高麗史》卷一四《睿宗世家三》載，丙申年（遼天慶六年，1116）夏四月"金主阿骨打遣阿只來"。"辛未，中書門下奏：'遼爲女眞所侵，有危亡之勢。所稟正朔不可行，自今公私文字宜除去天慶年號，但用甲子。'從之。"

西夏

西夏本魏拓跋氏後，[1]其地則赫連國也。[2]遠祖思恭，[3]唐季受賜姓曰李，涉五代至宋，世有其地。至李繼遷始大，[4]據夏、銀、綏、宥、靜五州，[5]緣境七鎮，其東西二十五驛，南北十餘驛。子德明，[6]曉佛書，通法律，嘗觀《太一金鑑訣》《野戰歌》，製番書十二卷，又製字若符篆。

[1]魏拓跋氏後：西夏統治者是党項拓跋部首領，自稱北魏王室之後。《宋史》卷四八五《夏國傳上》宋仁宗寶元二年（1039）

元昊上表於宋稱："臣祖宗本出帝冑，當東晉之末運，創後魏之初基。"

[2]赫連國：即赫連勃勃建立的政權。赫連勃勃，匈奴右賢王去卑之後，劉元海之族。晉亂，赫連勃勃建都於朔方，於黑水城之南營都曰統萬，後爲北魏所滅。

[3]思恭：党項羌首領。據《宋史》卷四八五《夏國傳上》："唐末，拓跋思恭鎮夏州，統銀、夏、綏、宥、靜五州地，討黃巢有功，復賜李姓。"《舊唐書》卷一九八《党項傳》："有羌酋拓拔赤辭者，初臣屬吐谷渾，甚爲渾主伏允所暱，與之結婚。及貞觀初，諸羌歸附……率衆内屬，拜赤辭爲西戎州都督，賜姓李氏。自此職貢不絶。其後吐蕃強盛，拓拔氏漸爲所逼，遂請内徙，始移其部落於慶州，置靜邊等州以處之。其故地陷於吐蕃，其處者爲其役屬，吐蕃謂之'弭藥'。"

[4]李繼遷（963—1004）：党項首領。西夏王朝的奠基者。叛宋前任定難軍都知蕃落使。公元982年集結部衆，叛宋。985年襲據銀州（今陝西省米脂縣），自稱定難軍留後，向遼稱臣。995年擊敗宋朝五路討伐。997年宋真宗立，李繼遷遣使求和，宋授爲夏州刺史、定難軍節度、夏銀綏宥靜等州觀察處置押蕃落等使。1002年李繼遷攻占靈州，改名西平府。次年率軍西征，占領西涼府。因受詐降的吐蕃族大首領潘羅支的突襲，負重傷而死。子李德明嗣立，追尊繼遷爲皇帝。夏景宗時謚神武，廟號太祖，陵號裕陵。

[5]夏、銀、綏、宥、靜五州：西夏境土。涵蓋今寧夏回族自治區全部、甘肅省大部、陝西省北部以及青海省、内蒙古自治區的部分地區。

[6]德明：即李德明（981—1031），小字阿移，母野利氏，時年二十三即位。據《宋史》卷四八五《夏國傳上》，宋天禧四年（遼開泰九年，1020）遼聖宗親"將兵五十萬，以狩爲言，來攻涼甸，德明帥衆逆拒，敗之。五年遼爲遣金吾衛上將軍蕭孝誠齎玉冊金印，冊爲尚書令、大夏國王"。德明接受宋、遼兩方封冊。宋天

聖九年（1031）十月德明卒，時年五十一，追諡曰光聖皇帝，廟號太宗，墓號嘉陵。宋贈太師、尚書令兼中書令。

其俗衣白窄衫，[1]氈冠，冠後垂紅結綬。自號嵬名，[2]設官分文武。[3]其冠用金縷貼，[4]間起雲，銀紙帖，緋衣，金塗銀帶，佩蹀躞、解錐、短刀、弓矢，穿靴，禿髮，耳重環，紫旋襴六襲。出入乘馬，張青蓋，以二旗前引，從者百餘騎。民庶衣青綠。革樂之五音爲一音，裁禮之九拜爲三拜。凡出兵先卜，[5]有四：一炙勃焦，以艾灼羊胛骨；二擗箸，擗竹于地以求數，若揲蓍然；三呪羊，其夜牽羊，焚香禱之，又焚穀火于野，次晨屠羊，腸胃通則吉，羊心有血則敗；四矢擊絃，聽其聲，知勝負及敵至之期。病者不用醫藥，召巫者送鬼，西夏語以巫爲"廝"也；或遷他室，謂之"閃病"。喜報仇，有喪則不伐人，負甲葉於背識之。仇解，用雞豬犬血和酒，貯於髑髏中飲之，乃誓曰："若復報仇，穀麥不收，男女禿癩，六畜死，蛇入帳。"有力小不能復仇者，集壯婦，享以牛羊酒食，趨讎家縱火，焚其廬舍。俗曰敵女兵不祥，輒避去。訴于官，官擇舌辯氣直之人爲和斷官，聽其屈直。殺人者納命價錢百二十千。

[1]其俗衣白窄衫：此非德明之俗，亦非夏人之俗。據《宋史》卷四八五《夏國傳上》，元昊"少時好衣長袖緋衣，冠黑冠"。"既襲封，明號令，以兵法勒諸部。始衣白窄衫，氈冠紅裹，冠頂後垂紅結綬"。

[2]自號嵬名：據《宋史》四八五《夏國傳上》，元昊"自號

兎名吾祖"。

[3]設官分文武：據《宋史》四八五《夏國傳上》："其官分文武班，曰中書，曰樞密，曰三司，曰御史臺，曰開封府，曰翊衛司，曰官計司，曰受納司，曰農田司，曰群牧司，曰飛龍院，曰磨勘司，曰文思院，曰蕃學，曰漢學。自中書令、宰相、樞使、大夫、侍中、太尉已下，皆分命蕃漢人爲之。"

[4]其冠用金縷貼：西夏冠服制度。《宋史》卷四八五《夏國傳上》載："文資則幞頭、鞾笏、紫衣、緋衣；武職則冠金帖起雲鏤冠、銀帖間金縷冠、黑漆冠，衣紫旋襴，金塗銀束帶，垂蹀躞、佩解結錐、短刀、弓矢韣，馬乘鯢皮鞍，垂紅纓，打跨鈸拂。便服則紫皂地繡盤球子花旋襴，束帶。民庶青綠，以別貴賤。"

[5]出兵先卜：以下四種占卜方法，《宋史》卷四八六《夏國傳下》所載更詳明。"每出兵則先卜。卜有四：一、以艾灼羊脾骨以求兆，名'炙勃焦'；二、擗竹于地，若揲蓍以求數，謂之'擗算'；三、夜以羊焚香祝之，又焚穀火布靜處，晨屠羊，視其腸胃通則兵無阻，心有血則不利；四、以矢擊弓弦，審其聲，知敵至之期與兵交之勝負，及六畜之災祥、五穀之凶稔。"

土産大麥、蓽豆、青稞、[1]床子、古子蔓、鹹地蓬實、蓯蓉苗、小蕪荑、席雞草子、地黃葉、登廂草、沙蔥、野韭、拒灰蓧、白蒿、鹹地松實。

民年十五爲丁，有二丁者取一爲正軍。負擔雜使一人爲抄，四丁爲兩抄。餘人得射它丁，皆習戰鬬。[2]正軍馬駝各一，每家自置一帳。團練使上，帳、弓、矢各一，馬五百疋，橐駝一，旗鼓五，槍、劍、棍棓、秒袋、雨氈、渾脱、鍬、钁、箭牌、鐵笊籬各一；[3]刺史以下，人各一駝，箭三百，毛幕一；餘兵三人共一幕。[4]有砲手二百人，號"潑喜"。勇健者號"撞令郎"。[5]齎糧不過一旬。晝則舉煙、揚塵，夜則燔火爲候。若獲人馬，射之，號曰殺鬼招魂。或射草縛人。出軍用單日，避晦日。多立虛寨，設伏兵。衣重甲，乘善馬，以鐵騎爲前鋒，用鈎索絞聯，[6]雖死馬上不落。其民俗勇悍，衣冠、騎乘、土產品物、子姓傳國，亦略知其大槩耳。

[1]青稞：【劉校】"稞"，原本、明抄本、南監本、北監本和殿本均誤作"裸"，據中華點校本改。

[2]餘人得射它丁，皆習戰鬪：【劉校】據中華點校本校勘記，按《宋史》卷四八六《夏國傳下》："男年登十五爲丁，率二丁取正軍一人。每負贍一人爲一抄；負贍者，隨軍雜役也。四丁爲兩抄，餘號空丁。願隸正軍者，得射他丁爲負贍，無則許射正軍之疲弱者爲之。故壯者皆習戰鬪，而得正軍爲多。"《宋史》是。

[3]"團練使上"至"鐵笊籬各一"：【劉校】據中華點校本校勘記，《宋史》卷四八六《夏國傳下》作"團練使以上，帳一，弓一，箭五百，馬一，橐駝五，旗、鼓、槍、劍、棍栝、秒袋、披氈、渾脱、背索、鍬钁、斤斧、箭牌、鐵爪籬各一"。《宋史》是。

[4]餘兵三人共一幕：【劉校】"餘"原本作"余"，《羅校》謂："'餘'，元本誤'余'。"明抄本、南監本、北監本和殿本均作"餘"。中華點校本、修訂本和補注本徑改。今從改。

[5]勇健者號"撞令郎"：《宋史》卷四八六《夏國傳下》："得漢人勇者爲前軍，號'撞令郎'。若脆怯無他伎者，遷河外耕作，或以守肅州。"勇健者，【劉校】《羅校》謂："'健'，元本誤'楗'。"據改。明抄本、南監本、北監本和殿本均作"健"，中華點校本、修訂本和補注本徑改。

[6]用鈎索絞聯：【劉校】"絞"原本作"校"，《初校》謂：

"'絞',《百》作'校',非。"明抄本、南監本、北監本、殿本均作"絞"。中華點校本和修訂本徑改。今從。

　　初，西夏臣宋有年，賜姓曰趙；[1]迨遼聖宗統和四年，繼遷叛宋，[2]始來附遼，授特進檢校太師、都督夏州諸軍事，遂復姓李。[3]十月遣使來貢。六年入貢。七年來貢，以王子帳耶律襄之女封義成公主下嫁繼遷。[4]八年正月來謝。三月又來貢。九月繼遷遣使獻宋俘。十月以敗宋軍來告。十二月下宋麟、鄜等州來告，遣使封繼遷爲夏國王。九年二月遣使告伐宋之捷。四月遣李知白來謝封册。[5]七月復綏、銀二州，來告。十月繼遷以宋所授敕命遣使來上。是月定難軍節度使李繼捧來附，授開府儀同三司、檢校太師兼侍中，封西平王，仍賜推忠効順啟聖定難功臣。十二月繼遷潛附于宋，遣韓德威持詔諭之。[6]十年二月韓德威還，奏繼遷託故不出，至靈州俘掠以還。[7]西夏遣使來奏德威俘掠，賜詔撫諭。十月來貢。十二年入貢。十三年敗宋師，遣使來告。十四年又來貢。十五年三月以破宋兵來告，封繼遷爲西平王。六月遣使來謝封册。十六年來貢。十八年授繼遷子德明朔方軍節度使。十九年遣李文冀來貢。[8]六月奏下宋恒、環、慶三州，賜詔褒美。二十年遣使來進馬、馳。六月遣劉仁勖來告下靈州。二十一年繼遷薨，其子德昭遣使來告。[9]六月贈繼遷尚書令，遣西上閤門使丁振弔慰。[10]八月德昭遣使來謝弔贈。二十二年三月德昭遣使上繼遷遺留物。七月封德昭爲西平王。十月遣使來謝封册。二十三年下宋青城，來告。二十五年德昭母薨，遣使弔祭，起復。二十七年承天皇太后崩，遣使報哀于夏。二十八年遣使冊德昭爲夏國王。開泰元年德昭遣使進良馬。二年遣引進使李延弘賜夏國王李德昭及義成公主車馬。太平元年來貢。十一年聖宗崩，報哀于夏，德昭遣使來進賻幣。

[1]賜姓曰趙：據《長編》卷三二宋太宗淳化二年（991）秋七月己亥："李繼遷聞翟守素將兵來討，恐懼，奉表歸順。丙午，授繼遷銀州觀察使，賜以國姓，名曰保吉。"此前，端拱元年（988）五月，繼遷族兄繼捧先入朝賜姓名。"賜姓趙名保忠，命管夏、銀、綏、宥、靜五州。初朝廷數諭，繼遷不肯降，益侵盜邊境。用趙普之議，復繼捧夏臺故地，令圖之。"（《宋九朝編年備要》卷四）

[2]繼遷叛宋：本書卷一一《聖宗本紀二》統和四年（宋雍熙三年，986）二月"癸卯，西夏李繼遷叛宋來降，以爲定難軍節度使、銀夏綏宥等州觀察處置等使、特進檢校太師、都督夏州諸軍事"。按，繼遷在遼宋之間叛附無常。《宋史》卷四八五《夏國傳上》載："遂與弟繼沖、破丑重遇貴、張浦、李大信等起夏州，乃詐降，誘殺曹光實于葭蘆川，遂襲銀州據之，時雍熙二年二月也。"

[3]復姓李：遼統和四年即宋雍熙三年，當時李繼遷尚未賜姓趙。五年後，淳化二年又附宋，並接受賜姓名。三年後又叛宋。《長編》卷三五宋太宗淳化五年四月甲申，"上聞趙保忠既成擒，詔以趙光嗣爲夏州團練使，高文岯爲綏州團練使，削保吉所賜姓名，復爲李繼遷（《稽古錄》載復李繼遷姓名在至道元年九月，與實錄、本傳不同，今兩存之）"。

[4]義成公主下嫁：中華點校本卷一二校勘認爲："以耶律襄之女封義成公主下嫁李繼遷，按以襄女出嫁事，已見四年十二月。檢卷一一五《西夏外記》出嫁在本年。或是請婚在四年，七年

成行。"

[5]李知白：【劉校】據中華點校本校勘記，本書卷一三《聖宗本紀四》統和九年四月作"杜白"。

[6]韓德威（941—996）：韓匡嗣之子、韓德讓之弟。保寧初自燕臺軍旅之列校，授西頭供奉官、銀青崇禄大夫、檢校右散騎常侍兼侍御史、驍騎尉。不數年，授羽林軍將軍，檢校司徒。這是御林軍的官職，即所謂"登環衛之資，厠勾陳之列"。保寧十一年（979）德威"擢居親近之用，首冠殿庭之班，授宣徽北院使，彰武軍節度使、檢校太尉，進封開國伯，增食邑，賜功臣四字"。其墓誌出土於今内蒙古自治區巴林左旗白音烏拉蘇木白音罕山，現存遼上京博物館。

[7]靈州：治所在今寧夏回族自治區靈武市。據《宋史》卷四八五《夏國傳上》宋真宗咸平五年（遼統和二十年，1002）三月，繼遷大集蕃部，攻陷靈州，以爲西平府。

[8]遣李文冀來貢：【劉校】據中華點校本校勘記，"文冀"，本書卷一四《聖宗本紀五》統和十九年三月作"文貴"，是。按《宋史》卷四八五《夏國傳》，文貴曾使宋被留，遣還後又使宋，並作"文貴"。

[9]德昭：即李德明，遼避景宗諱，改德明爲德昭。據本書卷八《景宗本紀》：景宗"諱賢，字賢寧，小字明扆。"【劉注】遼代把李德明改稱李德昭並不是避景宗諱，而是避穆宗諱。《長編》卷一〇宋太祖開寶二年（969）："是歲，契丹主明爲帳下所弒，明性嚴忌，會醉，索食不得，欲斬庖者，庖者奉食挾刀，殺明於黑山下。明立凡十九年，謚穆宗。"《契丹國志》卷五，"穆宗諱璟，番名述律，後更名明"。《通鑑》卷二九〇《後周紀一》廣順元年（951）亦稱璟"後更名明"。

[10]閤門使：官名。即古者擯相之職。唐末、五代凡取禀旨命、供奉乘輿、朝会遊宴及贊導三公、群臣、蕃國朝見、辭謝，糾彈失儀之事，由閤門使、副掌管。閤門使多以處武臣。參見《文獻

通考》卷五八《職官考十二》。

興宗即位，以興平公主下嫁李元昊，以元昊爲駙馬都尉。重熙元年夏國遣使來賀。李德昭薨，册其子夏國公元昊爲王。二年來貢。十二月禁夏國使沿路私市金鐵。七年來貢。李元昊與興平公主不諧，公主薨，遣北院承旨耶律庶成持詔問之。[1] 九年宋遣郭禎以伐夏來報。[2] 十年夏國獻所俘宋將及生口。十一年遣使問宋興師伐夏之由。十二月禁吐渾鬻馬于夏，[3] 沿邊築障塞以防之。十二年正月遣同知析津府事耶律敵烈、樞密都承旨王惟吉諭夏國與宋和。[4] 二月元昊以加上尊號，遣使來賀。耶律敵烈等使夏國還，奏元昊罷兵，遣使報宋。四月夏國遣使進馬、駞。七月元昊上表請伐宋，不從。十月夏人侵党項，[5] 遣延昌宮使高家奴讓之。十三年四月党項及山西部族節度使屈烈以五部叛入西夏，[6] 詔徵諸道兵討之。六月阻卜酋長烏八遣其子執元昊所遣求援使窊邑改來。[7] 八月夏使對不以情，羈之。使復來，詢事宜，不實對，笞之。十月元昊上表謝罪，欲收集叛黨以獻，從之；進方物，命北院樞密副使蕭革迓之。元昊親率党項三部來降，詰其納叛背盟，元昊伏罪。初，夏人執蕭胡覩，[8] 至是請以被執者來歸。詔所留夏使亦還其國。十二月胡覩來歸，又遣使來貢。

[1] 耶律庶成：皇族，季父房之後。通曉契丹文及漢文，善於作詩。聖宗時曾參與修訂律、令；興宗時又參與修史及奉命譯《方脉書》行於遼。爲妻所誣，以罪奪官，使吐蕃凡十二年，清寧間始

歸。本書卷八九有傳。

[2]宋遣郭禎以伐夏來報：本書卷一八《興宗本紀一》重熙九年“七月癸酉，宋遣郭禎以伐夏來報”。此前夏人攻擊宋沿邊村寨。《長編》卷一二六宋仁宗康定元年（重熙九年，1040）二月癸卯記事：“初，元昊既陷金明寨，遂攻安遠、塞門、永平等寨，而安遠最居極邊，賊攻破其門再重，至第三門，都監邵元吉等縋軍士擊却之，拒守累日，乃引去。”

[3]吐渾：古代部族名。即吐谷渾。據《新五代史》卷七四《四夷附錄第三》，吐渾“自後魏以來，名見中國，居於青海之上。當唐至德中，吐蕃所攻，部族分散，其内附者，唐處之河西。其大姓有慕容、拓拔、赫連等族。懿宗時，首領赫連鐸爲陰山府都督，與討龐勛，以功拜大同軍節度使。爲晉王所破，其部族益微，散處蔚州界中”。“晉高祖立，割雁門以北入于契丹，於是吐渾爲契丹役屬，而苦其苛暴”。另據《五代會要》卷二八《吐渾》：“至開運中，捍虜（契丹）於澶州”，“其族白可久，名在承福之亞，因牧馬率本帳北遁，契丹授以官爵，復遣潛誘承福。承福亦思叛去，事未果，漢高祖知之，乃以兵環其部族，擒承福與其族白鐵櫃、赫連海龍等五家，凡四百有餘人，伏誅。籍其牛馬，命別部長王義宗統其餘屬。”

[4]遣同知析津府事耶律敵烈、樞密都承旨王惟吉諭夏國與宋和：【劉校】據中華點校本校勘記，“同知析津府事耶律敵烈”十字原脱，據本書卷一九《興宗本紀二》重熙十二年正月“遣同知析津府事耶律敵烈”及下文“耶律敵烈等使夏國還”補。

[5]党項：中國古代族名。又稱党項羌，唐以後主要活動於靈、慶、銀、夏等州，即今甘肅、寧夏、陝西和内蒙古等省區交界地區。

[6]党項及山西部族節度使屈烈以五部叛入西夏：據《宋史》卷四八五《夏國傳上》，此次遼夏戰爭爆發於慶曆四年，即遼重熙十三年（1044），“遼夾山部落呆兒族八百户歸元昊，興宗責還，元

昊不遣。遂親將騎兵十萬出金肅城，弟天齊王馬步軍大元帥將騎七千出南路，韓國王將兵六萬出北路，三路濟河長驅。興宗入夏境四百里，不見敵，據得勝寺南壁以待。八月五日，韓國王自賀蘭北與元昊接戰，數勝之，遼兵至者日益，夏乃請和，退十里，韓國王不從。如是退者三，凡百餘里矣，每退必赭其地，遼馬無所食，因許和。夏乃遷延，以老其師，而遼之馬益病，因急攻之，遂敗，復攻南壁，興宗大敗。入南樞王蕭孝友砦，擒其鶻突姑駙馬，興宗從數騎走，元昊縱其去。" 党項及山西部族節度使屈烈：【劉校】據中華點校本校勘記，"族"字原脫，據本書卷一九《興宗本紀二》重熙十三年四月補。

[7]阻卜：即達旦、韃靼。元人諱言達旦，而稱達旦爲阻卜，詳見王國維《觀堂集林》卷一四《達旦考》。 阻卜酋長烏八遣其子執元昊所遣求援使窊邑改來：【劉校】據中華點校本校勘記，按此句原脫誤爲"阻卜子烏八執元昊"八字，據本書卷一九《興宗本紀二》重熙十三年六月及《屬國表》補正。。

[8]蕭胡覩（？—1063）：遼外戚。字乙辛。重熙中尚秦國長公主，授駙馬都尉，以不諧離婚，復尚齊國公主，爲北面林牙。清寧中歷北、南院樞密副使，清寧九年（1063）七月參與重元叛亂，失敗投水死。五子，同日伏誅。本書卷一一四有傳。

　　十七年元昊薨，其子諒祚遣使來告，[1]上其父遺留物。鐵不得國乞以本部軍助攻夏國，[2]不許。十八年復議伐夏，留其賀正使不遣，遣北院樞密副使蕭惟信以伐夏告宋。[3]六月夏國遣使來貢，留之。七月親征。八月渡河，夏人遁。九月蕭惠爲夏人所敗。[4]十月招討使耶律敵古率阻卜軍至賀蘭山，獲元昊妻及其官屬。遇其軍三千來拒，殲之。詳穩蕭慈氏奴、南剋耶律斡里歿于陣。[5]十九年正月遣使問罪于夏。夏將浧普等攻金肅城,[6]耶律高家奴等破之,浧普被創遁去,殺猥貨乙靈紀。[7]三月殿前都點檢蕭迭里得與夏軍戰于三角川,[8]敗之。招討使蕭蒲奴、[9]北院大王宜新等帥師伐夏,都部署別古得爲監戰。五月蕭蒲奴等入夏境不遇敵,縱軍俘掠而還。夏國浧普來降。十月,李諒祚母遣使乞依舊稱臣。[10]十二月諒祚上表如母訓。二十年二月遣使索党項叛戶。五月蕭氼括使夏回,進諒祚母表:乞代党項權進馬馳牛羊等物,又求唐隆鎮,仍乞罷所建城邑。以詔答之。六月獲元昊妻,及俘到夏人置于蘇州。二十一年十月諒祚遣使乞弛邊備,遣氼括齎詔諭之。二十二年七月諒祚進降表,遣林牙高家奴齎詔撫諭。二十三年正月貢方物。五月乞進馬、馳,詔歲貢之。七月諒祚遣使求婚。十月進誓表。二十四年興宗崩,遣使報哀于夏。[11]

[1]諒祚:即李諒祚,公元 1047 年至 1067 年在位。元昊之子,生母爲没藏氏。幼年繼位,國相没藏訛龐與其妹太后没藏氏盡攬朝權。1049 年遼興宗乘西夏景宗元昊新死,大舉親征,但爲夏軍所敗。1061 年訛龐父子陰謀殺害諒祚,諒祚在大將漫咩支持下,擒殺訛龐父子,盡誅其家族,廢皇后没藏氏(訛龐女),納梁氏爲后,以后弟梁乙埋爲國相。諒祚下令停止使用蕃禮,改行漢禮。死於 1067 年,廟號毅宗。

[2]鐵不得:鐵不得即吐蕃,此與上文西蕃、大蕃等並是當時吐蕃不同部落朝貢於遼者,故以不同名稱存於史册。

[3]蕭惟信:契丹楮特部人。歷南京留守、左右夷离畢、北院樞密副使。卒於大康中。本書卷九六有傳。

[4]蕭惠(983—1056):契丹外戚。淳欽皇后弟阿古只五世

孫。興宗即位，出任西南面招討使，加開府儀同三司、檢校太師兼侍中，封鄭王。贊成復取三關，與太弟帥師壓宋境，迫使宋朝增歲幣請和。惠以首事功，進王韓。本書卷九三有傳。

[5] 蕭慈氏奴（999—1049）：契丹外戚。重熙十八年（1049）伐夏，授西北路招討都監，領保大軍節度使。中流矢卒。本書卷九三有傳。

[6] 金肅城：據本書卷四一《地理志五》，金肅州，重熙十二年（1043）伐西夏置，割燕民三百户、防秋軍一千實之，屬西南面招討司。另據《陝西通志》卷五，金肅"在府谷縣北，河套中"。

[7] 殺猥貨乙靈紀：修訂本標點爲"殺猥貨、乙靈紀"。

[8] 蕭迭里得（？—1063）：國舅少父房之後，字胡覩堇。重熙十九年以伐夏功命知漢人行宮都部署事，出爲西南面招討使。後從重元子涅魯古等亂，敗走被擒，伏誅。本書卷一一四有傳。

[9] 蕭蒲奴：奚王楚不寧之後，字留隱。開泰間選充護衛，稍進用。後遷奚六部大王。太平九年（1029）討平大延琳叛亂有功，加兼侍中。本書卷八七《蕭蒲奴傳》記載：重熙十五年（1046），"爲西南面招討使，西征夏國"。"明年，復西征，懸兵深入，大掠而還，復爲奚六部大王。致仕，卒"。年代與本紀相關記載不符。

[10] 李諒祚母遣使乞依舊稱臣：據《宋史》卷四八五《夏國傳上》"諒祚幼養於母族訛龐，訛龐因專國政"。

[11] 興宗崩，遣使報哀于夏：【劉校】據中華點校本校勘記，此九字原在"二十四年"之前。本書卷二〇《興宗本紀三》載，興宗卒於重熙二十四年八月，同時道宗接位，今移此。

道宗即位，清寧元年遣使來賀。九月以先帝遺物賜夏。四年四月遣使會葬。[1] 九年正月禁民鬻銅于夏。咸雍元年五月來貢。三年十一月遣使進回鶻僧《金佛梵覺經》。[2] 十二月諒祚薨。四年二月諒祚子秉常遣使報哀,[3]即遣使弔祭。秉常上其父遺物。十月冊秉常爲夏國王。十二月來貢。五年七月遣使來謝封冊。閏十一月秉常乞賜印綬。[4]九年遣使來貢。大康二年正月仁懿皇后崩,[5]遣使報哀于夏,以皇太后遺物賜之。[6]遣使來弔祭。五年來貢。八年二月遣使以所獲宋將張天益來獻。大安元年十月秉常遣使報其母哀。二年十月秉常薨,遣使詔其子乾順知國事。[7]十二月李乾順遣使上其父秉常遺物。四年七月冊乾順爲夏國王。五年六月遣使來謝封冊。八年六月夏爲宋所侵,遣使乞援。壽隆三年六月以宋人置壁壘于要地,遣使來告。四年六月求援。十一月遣樞密直學士耶律儼使宋,諷與夏和。夏復遣使來求援。[8]五年正月詔乾順伐拔思母等部。[9]十一月夏以宋人罷兵,遣使來謝。六年十一月遣使請尚公主。七年道宗崩,遣使告哀于夏。遣使來慰奠。

　　[1]四年四月,遣使會葬:【劉校】據中華點校本校勘記,本書卷二一《道宗本紀一》載,太皇太后卒於清寧三年(1057)十二月;四年正月,遣使報哀於宋、夏。此次遣使即會太皇太后葬。
　　[2]回鶻僧《金佛梵覺經》:《遼史拾遺》卷一六《補經籍志》有"回鶻僧撰《金佛梵覺經》。"中華點校本和修訂本均標點爲"回鶻僧、金佛,《梵覺經》"。
　　[3]秉常:即西夏第三任皇帝李秉常。公元 1067 年至 1086 年在位。七歲繼位,母梁太后攝政,梁乙埋任國相。改行蕃禮。1076年,親政,又下令以漢禮代替蕃禮。這項措施雖得到皇族的支持,但遭到朝中后黨的強烈反對,無法施行。梁太后並將秉常囚禁,後迫於擁帝勢力的強大,又讓其復位。死於 1086 年,廟號惠宗。
　　[4]閏十一月:【劉校】據中華點校本校勘記,"閏"字原脫,

據本書卷二二《道宗本紀二》咸雍五年（1069）及卷四三《曆象志中·閏考》補。

　　[5]仁懿皇后：遼興宗仁懿皇后蕭氏（？—1076）。小字撻里，欽愛皇后弟孝穆之長女。重熙四年（1035）立爲皇后。二十三年號貞懿慈和文惠孝敬廣愛崇聖皇后。道宗即位，尊爲皇太后。本書卷七一有傳。

　　[6]"大康二年正月"至"以皇太后遺物賜之"：【劉校】據中華點校本校勘記，本書卷二三《道宗本紀三》將此事繫於大康二年（1076）三月。

　　[7]乾順：李乾順，即夏崇宗（1083—1139），西夏第四代皇帝。三歲即位。母梁氏，與弟乙逋擅政。永安元年（1098）梁太后死，乾順親政，年十七，謹事遼朝，但與宋交惡。遼以宗室女封公主下嫁。遼亡前夕，他曾出兵援遼，後臣於金。

　　[8]求援：【靳校】"援"原本誤作"復"，據中華點校本改。

　　[9]拔思母：遼朝西北部叛服不常的部族之一。本書卷九四《耶律那也傳》："大安九年爲倒塌嶺節度使。明年冬，以北阻卜長磨古斯叛，與招討都監耶律胡呂率精騎二千往討，破之。那也薦胡呂爲漢人行宮副部署。壽隆元年復討達理得、拔思母等有功，賜詔褒美，改烏古敵烈部統軍使，邊境以寧。部民乞留，詔許再任。"這場由阻卜長磨古斯開始的西北諸部叛亂，茶扎剌、拔斯母、耶覩刮等部也同時反叛，直至壽昌末年纔被平定。　詔乾順伐拔思母等部：【劉校】據中華點校本校勘記，"詔"字原脱，"拔思母"原倒舛作"拔母思"，本書卷二六《道宗本紀六》壽隆五年（1099）正月乙酉，"詔夏國王李乾順伐拔思母等部"。據此補正。

　　天祚即位，乾統元年夏遣使來賀。二年復請尚公主。又以爲宋所侵，遣李造福、田若水來求援。三年復遣使請尚公主。十月使復來求援。四年、五年李造福等

至，乞援。以族女南仙封成安公主下嫁乾順。六年正月
遣牛温舒使宋，[1]令歸所侵夏地。六月遣李造福來謝。
八年乾順以成安公主生子，遣使來告。九年以宋不歸地
來告。十年遣李造福等來貢。天慶三年六月來貢。保大
二年天祚播遷，乾順率兵來援，爲金師所敗，乾順請臨
其國。六月遣使册乾順爲夏國皇帝，而天祚被執歸
金矣。[2]

[1]牛温舒（？—1105）：范陽（今河北涿州市）人。咸雍
（1065—1074）年間進士及第。兩度出任參知政事，乾統五年
（1105）使宋，調解宋夏關係，歸來加中書令。本書卷八六有傳。
另據《宋史》卷三五〇《楊應詢傳》："朝廷多取西夏地，契丹以
姻婭爲言，遣使乞還之，不得，擁兵並塞，中外恟疑。應詢曰：
'是特爲虛聲嚇我耳，願治兵積粟，示有備，彼將聞風自戢。'明年
果還兵，復遣其相臣蕭保先、牛温舒來請，詔應詢逆於境。既至，
帝遣問所以來。應詢對：'願固守前議。'"

[2]"保大二年"至"天祚被執歸金矣"：【劉校】據中華點校
本校勘記，本書卷二九《天祚皇帝本紀三》載，乾順請臨其國在保
大三年（1123）五月；遣使册乾順亦三年六月事；天祚被執歸金在
五年八月。

論曰：高麗、西夏之事遼，雖嘗請婚下嫁，[1]烏足
以得其固志哉。三韓接壤，反復易知；涼州負遠，[2]納
叛侵疆，乘隙輒動。貢使方往，事釁隨生；興師問罪，
屢煩親征。取勝固多，敗亦貽悔。昔吳趙咨對魏之言
曰："大國有征伐之兵，小國有備禦之固。"[3]豈其然乎！
先王柔遠以德而不以力，尚矣。遼亡求援，二國雖能出

師，豈金敵哉。

[1]請婚下嫁：【劉校】“婚”各本均作“昏”。今據中華點校本改。

[2]涼州：原是指唐、五代間的一個割據政權。唐置河西節度使，治涼州（今甘肅省武威市），統涼、甘、肅、伊、西、瓜、沙七州。唐德宗間，吐蕃陷涼州，大曆中（766—779）河西軍移治沙州（今甘肅省敦煌市）。貞元中（785—805）又爲吐蕃所陷。大中間（847—860），沙州人張義潮率所屬十州地歸唐，因改置歸義軍，至宋初復陷於西夏。“涼州負遠”，是指西夏依仗地勢辟遠，與遼抗衡。

[3]趙咨對魏之言：見《三國志》卷四七《吳書二·孫權傳》裴注：《吳書》咨字德度，南陽人，博聞多識，應對辯捷。權爲吳王，擢中大夫，使魏。魏文帝善之，嘲咨曰：“吳王頗知學乎？”咨曰：“吳王浮江萬艘，帶甲百萬，任賢使能，志存經略。雖有餘閑，博覽書傳、歷史，藉採奇異，不效諸生尋章摘句而已。”帝曰：“吳可征不？”咨對曰：“大國有征伐之兵，小國有備禦之固。”又曰：“吳難魏不？”咨曰：“帶甲百萬，江漢爲池，何難之有！”又曰：“吳如大夫者幾人？”咨曰：“聰明特達者八九十人；如臣之比，車載斗量，不可勝數。”

（李錫厚注　劉鳳翥校）

遼史　卷一一六

國語解第四十六

　　史自遷、固，[1]以迄晉、唐，[2]其爲書雄深浩博，讀者未能盡曉。於是裴駰、顏師古、李賢、何超、董衝諸儒訓詁、音釋，[3]然後制度、名物、方言、奇字，可以一覽而周知。其有助於後學多矣。

　　[1]遷：即司馬遷（前 145 或前 135—?），字子長，西漢左馮翊郡夏陽（今陝西省韓城市）人。我國古代著名的史學家，《史記》的作者。《漢書》卷六二有傳。　固：即班固（32—92），字孟堅，東漢扶風郡安陵（今陝西省咸陽市）人。我國古代著名的史學家。著有《漢書》。《後漢書》卷四〇有傳。

　　[2]晉：朝代名。265 年司馬炎建立，420 年亡於南朝宋。唐：朝代名。618 年李淵創建，907 年亡於後梁。

　　[3]裴駰：南朝宋著名史學家。河東聞喜（今山西省聞喜縣）人，字龍駒，注司馬遷《史記》。其父裴松之，注《三國志》。其孫裴子野把《宋書》删編成《宋略》。裴松之、裴駰、裴子野被稱爲“史學三裴”。　顏師古（581—645）：名籀（zhòu），字師古，以字行。雍州萬年（今陝西省西安市）人，祖籍琅邪臨沂（今山東省臨沂市）。唐朝初年經學家、訓詁學家、歷史學家，名儒顏之推之孫、顏思魯之子。少傳家業，遵循祖訓，博覽群書，學問通

博，擅長於文字訓詁、聲韻、校勘之學；他還是研究《漢書》的專家，對兩漢以來的經學史也十分熟悉。其保留至今的著作有《漢書注》及《匡謬正俗》。　李賢（655—684）：字明允，唐高宗李治第六子，武則天次子，係高宗朝所立的第三位太子，後遭廢殺，世稱章懷太子。曾招諸儒注《後漢書》（今稱"章懷注"），是研究《後漢書》的重要史料。　何超：唐代歷史學家。著有《晉書音義》。　董衝：宋代歷史學家。撰有《唐書考證》。　訓詁：對古書字句所作的解釋。清人陳澧《東塾讀書記》卷一一《小學》："詁者，古也。古今異言，通之使人知也。蓋時有古今，猶地有東西，有南北，相隔遠則言語不通矣。地遠則有翻譯，時遠則有訓詁。有翻譯則能使別國如鄉鄰，有訓詁則能使古今如旦暮，所謂通之也，訓詁之功大矣哉！"

遼之初興與奚、室韋密邇，[1]土俗言語大槩近俚。至太祖、太宗奄有朔方，[2]其治雖參用漢法，而先世奇首、遙輦之制尚多存者，[3]子孫相繼亦遵守而不易。故史之所載官制、宮衛、部族、地理，率以國語爲之稱號，[4]不有注釋以辨之，則世何從而知、後何從而考哉。今即本史參互研究，撰次《遼國語解》以附其後，庶幾讀者無齟齬之患云。

[1]奚：古族名。分布在饒樂水（今内蒙古自治區西拉木倫河）流域。南北朝時稱庫莫奚。隋、唐時稱奚。以遊牧爲生，後漸與契丹人同化。　室韋：亦作"失韋"，中國古代東北地區民族名。至公元十世紀主要活動在今嫩江、綽爾河、額爾古納河、黑龍江流域。

[2]太祖：遼代皇帝耶律阿保機的廟號。　太宗：遼代皇帝耶

律德光的廟號。　朔方：北方。《尚書·堯典》："申命和叔，宅朔方，曰幽都。"

[3]奇首：唐代契丹族的可汗名。傳說是契丹族始祖。　遙輦：即遙輦氏。唐代中、晚期直至契丹建國前契丹族可汗的姓氏，開元二十三年（734）可突于殘黨泥禮殺李過折，立阻午可汗，傳九世，至907年阿保機建國。遙輦九可汗繼位後各建宮衛，遼朝立國後，有遙輦九帳大常袞司之設，掌遙輦九世宮分之事務。也泛指這一時期。

[4]國語：國家法定的通用語言，此處專指契丹語。遼朝是契丹族建立的王朝，並且兩次以"契丹"爲國號，契丹語是其境內通用的主要語言，所以遼朝稱契丹語爲國語。

帝紀

太祖紀：

耶律氏、蕭氏　《本紀》首書太祖姓耶律氏，[1]繼書皇后蕭氏，[2]則有國之初已分二姓矣。有謂始興之地曰世里，譯者以世里爲耶律，故國族皆以耶律爲姓；有謂述律皇后兄子名蕭翰者，[3]爲宣武軍節度使，[4]其妹復爲皇后，故后族皆以蕭爲姓。其說與紀不合，故陳大任不取。又有言以漢字書者曰耶律、蕭，以契丹字書者曰移剌、石抹，[5]則亦無可考矣。

[1]耶律：遼代契丹皇族的姓氏。據《新五代史》卷七二《四夷附録第一》，阿保機"以其所居橫帳地名爲姓，曰世里。世里，譯者謂之耶律"。

[2]蕭氏：契丹后族姓氏。

[3]蕭翰：一名敵烈，字寒真，宰相敵魯之子。會同九年

（946），隨遼太宗耶律德光滅後晉。入汴，爲宣武軍節度使。後與天德謀反，復結惕隱劉哥及其弟盆都亂，復與公主以書結明王安端反，伏誅。本書卷一一三有傳。

[4]宣武軍節度使：宣武軍，唐五代方鎮名。治汴州（今河南省開封市）。節度使，官名。唐初，武將行軍稱總管，本道則稱都督。高宗永徽以後，都督帶使持節者稱節度使。唐代節度使一般封郡王，總掌軍旅，專誅殺。其初，僅在邊地設置，目的在於使軍事行動敏捷靈活。以後遍設於國內。起初，一節度使總管一道或數州。後來祇管一州的軍事民政，用人理財，皆得自專。五代、遼、宋、金皆設此官，元廢。

[5]以契丹字書者曰移剌、石抹：遼代皇族姓氏契丹小字作 （耶律）。后族姓氏契丹小字作 （乙室己）。《遼史》中的“乙室已”，根據對契丹字 的解讀，應作“乙室己”。

　　霞瀨益石烈[1]　　鄉名。諸宮下皆有石烈，設官治之。

　　弭里　鄉之小者。

　　撻馬狘沙里[2]　撻馬，人從也；沙里，[3]郎君也。管率衆人之官。後有止稱撻馬者。

　　大迭烈府　即迭剌部之府也。初，阻午可汗與其弟撒里本領之，[4]及太祖以部夷离菫即位，[5]因強大難制，析爲二院。烈、剌音相近。

　　夷离菫　統軍馬大官。會同初改爲大王。

　　集會塌下窩、陀二音　地名。

　　阿主沙里[6]　阿主，父祖稱。

　　惕隱[7]　典族屬官。即宗正職也。

奚、霤[8]下音習　國名。中京地也。[9]

黑車子[10]　國也。以善製車帳得名。契丹之先嘗遣人往學之。

于越[11]　貴官。無所職。其位居北、南大王上，[12]非有大功德者不授。

鷹軍　鷹，鷙鳥。[13]以之名軍，取捷速之義。後記龍軍、虎軍、鐵鷂軍者，倣此。[14]

[1]石烈：音譯的契丹語行政單位名。漢語意思爲"縣"，也可以譯爲"大鄉"。

[2]撻馬狘沙里：音譯的契丹語官名。漢語意思爲"管率扈從的郎君"。這是阿保機即位前首次擔任的官職，在契丹語中，謂語置於賓語後面。從語法分析，"狘（xuè）"應爲作謂語用的動詞"管率"之義。陳漢章《索隱》"狘即管轄之義"，是。

[3]沙里：契丹小字 的音譯。漢語意思爲"郎君"。

[4]阻午可汗：契丹族遙輦氏部落聯盟的第二任可汗。據本書卷三二《營衛志中》："當唐開元、天寶間，大賀氏既微，遼始祖涅里立迪輦祖里（《世表》作迪輦俎里）爲阻午可汗。"傳九世，至耶律阿保機開國。

[5]夷离堇：契丹語官名 的音譯。漢語意思爲"部長"。

[6]阿主沙里：契丹語"小祖宗"的音譯。對耶律阿保機的昵稱。

[7]惕隱：契丹語官名 的音譯。掌皇族事務。

[8]霤：我國古代東北少數民族名。居土河（今老哈河）流域。以射獵爲生，風俗與契丹略同。

[9]中京：即中京大定府。遼代五京之一，故址在今内蒙古自

治區寧城縣大明鎮。

　　[10]黑車子：即黑車子室韋，爲室韋族的一部。

　　[11]于越：契丹語官名**究芬**的音譯。

　　[12]北、南大王：原闕“王”字，《羅校》謂：“‘大’下奪‘王’字。”據上下文意補。

　　[13]鷹，鷙鳥：“鳥”字原脱。據中華點校本補正。

　　[14]後記龍軍、虎軍、鐵鷂軍者，倣此：《羅校》謂：“‘託’當作‘記’。”據中華點校本補正。

　　嘔娘改上音兀[1]　地名。

　　西樓[2]　遼有四樓：[3]在上京者曰西樓，[4]木葉山曰南樓，[5]龍化州曰東樓，[6]唐州曰北樓。歲時遊獵，常在四樓間。

　　阿點夷离的　阿點，貴稱；夷离的，[7]大臣夫人之稱。

　　糺轄　糺，軍名；轄者，管束之義。[8]

　　夷离畢[9]　即參知政事，後置夷离畢院以掌刑政。宋刁約使遼有詩云“押宴夷离畢”，知其爲執政官也。

　　射鬼箭　凡帝親征，服介冑，祭諸先帝，出則取死囚一人，置所向之方，亂矢射之，名射鬼箭，以祓不祥。及班師，則射所俘。後因爲刑法之用。

　　暴里　惡人名也。

　　[1]嘔娘改上音兀：據中華修訂本校勘記，“兀”原作“九”，按“嘔”“九”字音不合。日本學者箭内亘《兀良哈及韃靼考》謂“嘔娘改”即《遼史》中之“斡朗改”，《元朝秘史》之“兀良孩”“兀良合”。又本書之“兀惹”，《松漠記聞》卷上及《契丹國志》

卷二六《諸蕃記》並作“嗢熱”，知“嗢”“兀”音同，“九”當
係“兀”之誤，據改。中華點校本徑作“丸”，不確。

[2]西樓：地名。遼上京的代稱。《契丹國志》卷一謂：“大部
落之內置樓，謂之西樓，今上京是。”又同書卷二五《胡嶠陷北
記》云：“又行三日，遂至上京，所謂西樓也。”《蕭興言墓誌銘》
《耶律宗政墓誌銘》《法均大師遺行碑銘》《鮮演大師墓碑》均有以
西樓代指上京的情況。

[3]遼有四樓：陳述先生認爲四樓則是漢人根據契丹有“西
樓”附會而成，其實並無營建四樓之事（詳見《契丹社會經濟史
稿》所附《阿保機營建四樓説證誤》）。

[4]上京：遼代五京之一，故址在今内蒙古自治區巴林左旗林
東鎮。

[5]木葉山：木葉爲契丹語“大”的音譯，“木葉山”即指
“大山”，可以泛指任何山爲大山，也可以專指某一座山。此處指永
州的木葉山。《契丹國志》卷一：“九月，葬太祖於木葉山。”卷
三：“明年八月，葬（太宗）於木葉山。”遼太祖葬於祖州（今内
蒙古自治區巴林左旗查干哈達蘇木石房子嘎查），遼太宗葬於懷州
（今内蒙古自治區巴林右旗幸福之路蘇木崗根嘎查），説明祖州、懷
州也有木葉山。

[6]龍化州：治所故址在今内蒙古自治區奈曼旗東北。

[7]夷离的：在遼代漢字碑刻中又作“乙林免”“迤邐免”“乙
里免”。是契丹語封號的音譯。已婚女人在丈夫的封號爲王時纔有
可能得到這種封號，漢語意思爲“王妃”。

[8]管束之義：“束”原本作“速”，《羅校》謂：“‘束’，元
本誤‘速’。”明抄本、南監本、北監本和殿本均作“束”。中華點
校本和修訂本徑改。今從。

[9]夷离畢：契丹語官名用山的音譯。漢語意思爲“執政官”。

大、小鵠軍　二室韋軍號也。

神纛[1]　從者所執。以旄牛尾爲之，纓槍屬也。

龍眉宮　太祖取天梯、蒙國、別魯三山之勢于葦淀，射金齪箭以識之，名龍眉宮。神册三年築都城于其地，臨潢府是也。齪，測角切，箭名。

崤里　室韋部名。

君基太一神　福神名。其神所臨之國，君能建極，孚于上下，則治化升平，民享多福。

撻林　官名。後二室韋部改爲僕射，又名司空。

舍利　契丹豪民要裹頭巾者，納牛駞十頭、馬百疋，乃給官名曰舍利。後遂爲諸帳官，以郎君繫之。

阿廬朶里一名阿魯敦[2]　貴顯名。遼于越官兼此者，惟曷魯耳。[3]

選底　主獄官。

常袞　官名。掌遙輦部族戶籍等事；奚六部常袞掌奚之族屬。

諲譔[4]　渤海國主名。[5]

尅釋魯　尅，官名。釋魯，[6]人名。後尅朗、尅臺哂倣此。[7]

烏魯古、阿里只　太祖及述律后受諲譔降時所乘二馬名也，因賜諲譔夫婦以爲名。

[1]纛：帝王車上用氂牛尾或雉尾製成的飾物。

[2]阿廬朶里：契丹語音譯，又可音譯爲"阿魯敦"，漢語意思爲"盛名"。

[3]惟曷魯耳："惟"原作"維"，明抄本、南監本、北監本、

殿本均作“惟”。中華點校本和修訂本徑改。今從。　曷魯：即耶
律曷魯，遼太祖耶律阿保機的堂兄弟，本書卷七三有傳。

[4]諲譔：即大諲譔，人名。渤海國的亡國之君。926 年被契
丹俘獲後押送到遼上京之西，築城以居。

[5]渤海：唐代中國東北地區的割據政權名。粟末靺鞨族人大
祚榮於公元 698 年所建，共傳十五王，歷 229 年，於 926 年亡於契
丹。其事詳見《新唐書》卷二一九《渤海傳》和今人王承禮著
《渤海簡史》（黑龍江人民出版社 1984 年版）。

[6]釋魯：即耶律釋魯。本書卷二稱他“北征于厥、室韋，南
略易、定、奚、霫，始興板築，置城邑，教民種桑麻，習組織，已
有廣土衆民之志”。本書卷六四稱他“字述瀾，重熙中，追封爲隋
國王，于越。駢脅多力，賢而有智。先遙輦氏可汗歲貢于突厥，至
釋魯爲于越，始免”。《耶律仁先墓誌銘》稱他爲“述剌·實魯于
越”。《耶律慶嗣墓誌銘》稱他爲“于越蜀國王述列·實魯，即太
祖天皇帝之伯父也”。“述瀾”“述剌”“述列”爲同一個契丹語單
詞的不同音譯。“釋魯”和“實魯”亦爲同一個契丹語單詞的不同
音譯。由此看來，契丹人的名字一般由兩個單詞組成。“釋魯”僅
是此人名字中的一個單詞，其全名應爲“述瀾·釋魯”“述剌·實
魯”或“述列·實魯”。

[7]朗：即耶律朗，字歐新，季父房罨古只之孫。本書卷一一
三有傳。　臺哂：即蕭臺哂，與耶律述瀾·釋魯之子耶律滑哥合夥
害死釋魯。

太宗紀：

箭笴山笴音簳[1]　胡損奚所居。

柴册　禮名。積薪爲壇，受群臣玉册。禮畢，燔柴
祀天。阻午可汗制也。

遙輦氏九帳[2]　遙輦九可汗宮分。

北尅、南尅　掌軍官名。猶漢南北軍之職。

祭麛鹿神　遼俗好射麛鹿，每出獵，必祭其神以祈多獲。

林牙[3]　掌文翰官。時稱爲學士。其群牧所設，止管簿書。

瑟瑟禮　祈雨射柳之儀，遙輦蘇可汗制。

再生禮　國俗。每十二年一次，行始生之禮，名曰再生。惟帝與太后、太子及夷离得行之。又名覆誕。

神速姑　宗室人名。能知蛇語。

蒲割頣下乃頂切　公主名也。

三尅　統軍官，猶云三帥也。

詳穩[4]　諸官府監治長官。

梯里己　諸部下官也，後陞司徒。

達剌干　縣官也，後陞副使。

麻都不　縣官之佐也，後陞爲令。

馬步　未詳何官，以達剌干陞爲之。

牙署　官名。疑即牙書，石烈官也。

世燭　遙輦帳侍中之官。

敞史　官府之佐吏也。

思奴古　官與敞史相近。

徒覩古　邊徼外小國。

[1] 笱音簎：中華修訂本校勘記云，“音”原作“言”，據明抄本、南監本、北監本、殿本改。今從。中華點校本逕作“音”。

[2] 遙輦氏九帳：【李注】即遙輦氏九个可汗的宮帳。“宮帳”又稱“宮衛”，負責管理可汗在掠夺戰爭中所俘獲的生口及其他私

産。遙輦氏九可汗依次是：遙輦洼可汗、阻午可汗、胡剌可汗、蘇可汗、鮮質可汗、昭古可汗、耶瀾可汗、巴剌可汗以及痕德菫可汗。

[3]林牙：契丹語官名ᠰᠥ的音譯。漢語意思爲"翰林學士"。

[4]詳穩：契丹語官名ᠠᠯ的音譯。漢語意思爲"監治長官"。

世宗、穆宗紀：[1]

蹛林_{上音帶}　地名。即松林故地。

閘撒狨　抹里司官。亦掌宮衛之禁者。

撻馬　扈從之官。

濃兀　部分名。

葉格戲　宋錢僖公家有葉子揭格之戲。

[1]世宗：遼代皇帝耶律阮的廟號。　穆宗：遼代皇帝耶律璟的廟號。

景宗、聖宗紀：[1]

飛龍使　掌馬官。亦爲導騎。

橫帳[2]　德祖族屬號三父房，[3]稱橫帳，宗室之尤貴者。

著帳　凡世官之家泊諸色人，[4]因事籍没者爲著帳户，官有著帳郎君。

杓窊印　杓窊，鷙鳥總稱，[5]以爲印紐，取疾速之義。凡調發軍馬則用之，與金魚符、銀牌略同。

國舅帳尅　官制有大國舅帳，[6]此則本帳下掌兵之官。

拜奥禮　凡納后，即族中選尊者一人當奥而坐，以主其禮，爲之奥姑。[7]送后者拜而致敬，故云拜奥禮。

拜山禮　祀木葉山之儀。

敞穩　諸帳下官。亦作常衮，盖字音相近也。

萬役陷河冶[8]　地名。本漢土垠縣，有銀礦。太祖募民立寨以專採煉，故名陷河冶。

合蘇衮　女直別部名。又作曷蘇館。

執手禮　將帥有克敵功，上親執手慰勞；若將在軍，則遣人代行執手禮。優遇之意。

阿札割只　官名。位在樞密使下，盖墩官也。

四捷軍　遼以宋降者分立二部：一曰四捷軍，一曰歸聖軍。

山金司　以陰山產金，置冶採煉，故以名司，後改統軍政。[9]

[1]景宗：遼代皇帝耶律賢的廟號。　聖宗：遼代皇帝耶律隆緒的廟號。

[2]橫帳：皇族。契丹小字作才，本義是"兄弟"，即與皇帝稱兄道弟者即是皇族。本書卷四五《百官志一》謂："遼俗東嚮而尚左，御營東嚮，遙輦九帳南嚮，皇族三父房帳北嚮。東西爲經，南北爲緯，故謂御營爲橫帳云。"

[3]德祖：遼太祖耶律阿保機的父親撒剌的之廟號。　三父房：遼代皇族的三個父房是玄祖（遼太祖的祖父）次子巖木之後曰孟父房；叔子釋魯之后曰仲父房；遼太祖兄弟的後人爲季父房。

[4]洎（jì）：同"及"。

[5]鷙鳥總稱："鳥"原誤作"烏"，明抄本、南監本、北監本、殿本均作"鳥"。中華點校本和修訂本徑改。今從。

[6]大國舅帳：據本書卷六七《外戚表》和卷四五《百官志一》，遼代皇后都姓蕭，源於乙室己和拔里兩個姓氏，乙室己有國舅大翁帳和國舅小翁帳。拔里有國舅大父房帳和國舅少父房帳。

[7]爲之奧姑：中華修訂本校勘記云，"奧姑"原作"奧始"，據殿本改。按本書卷六五《公主表》稱質古"幼爲奧姑，契丹故俗，凡婚燕之禮，推女子之可尊敬者坐於奧，謂之'奧姑'"。又此處"爲"字與"謂"義通。中華點校本徑改。

[8]萬役陷河冶：據中華點校本校勘記，"按'萬'爲人名，見《紀》開泰元年七月。下文只釋陷河冶，'萬役'二字當删"。

[9]統軍政：據中華修訂本校勘記，明抄本、南監本、北監本、殿本皆作"統軍司"。

興宗紀：[1]
別輦斗　地名。
虎馻下北潘切　婆離八部人名。
解洗禮　解裝前被，飲至之義。[2]
獨盧金　地名。六院官屬秋冬居之。
行十二神纛禮　神纛解見前。凡大祭祀、大朝會，以十二纛列諸御前。
南撒葛栢　地名。
合只忽里　地名。
拖古烈　地名。
曷里狁　地名。

[1]興宗：遼代皇帝耶律宗真的廟號。

[2]飲至：指出征奏凱，至宗廟祭祀宴飲慶功之禮。《左傳·桓公二年》："凡公行，告於宗廟。反行，飲至，舍爵，策勳焉，禮也。"

道宗紀：[1]

塔里捨　地名。

撒里乃　地名。

三班院祇候　左、右班并寄班爲三班。祇候，官名。

高墩　遼排班圖，有高墩、矮墩、方墩之列。自大丞相至阿札割只皆墩官也。

[1]道宗：遼代皇帝耶律弘基的廟號。

天祚紀：[1]

侯里吉[2]　地名。

頭魚宴[3]　上歲時鈎魚，得頭魚輒置酒張宴，與頭鵝宴同。

訛莎烈　地名。

漚里謹　地名。

懽撻新查剌　地名。

射粮軍　射，請也。

女古底　地名。

落昆髓　地名。

阿里軫斗　地名。

忽兒珊　西域大軍將名。[4]

起兒漫　地名。

虎思斡魯朵　思，亦作斯，有力稱。斡魯朵，宮帳名。

葛兒罕　漠北君王稱。

[1]天祚：遼代皇帝耶律延禧的尊號。

[2]侯里吉：據中華修訂本校勘記，本書卷二〇《興宗本紀三》重熙十七年（1048）閏正月癸亥、十九年七月壬子及卷二七《天祚皇帝本紀一》乾統五年（1105）六月己丑、九年七月甲寅並作"侯里吉"。

[3]頭魚宴：遼代皇帝在春捺鉢時，天鵝未至，卓帳冰上，鑿冰鈎魚，鈎到頭一條大魚時舉行的宴會。

[4]西域大軍將名：據中華點校本校勘記，本書卷三〇《天祚皇帝本紀四》保大五年（1125）後附耶律大石紀事，應作"西域大軍名"，"將"字衍。

志

《禮》、《樂》志：[1]

祭東　國俗，凡祭皆東向，故曰祭東。

敵烈麻都　掌禮官。

旗鼓拽剌　拽剌，[2]官名。軍制有拽剌司。此則掌旗鼓者也。

爇節　歲時雜禮名。

九奚首　奚首，營帳名。

食羖之次　大行殯出，[3]群臣以羖羊祭于路，名曰食羖之次。

禰祭_{上於琰切}　凡出征，以牝牡麃各一祭之曰禰，詛敵也。

勘箭　車駕遠歸，閤門使持雄箭，勘箭官持雌箭，比較相合，而後入宮。

擔㦸　一人肩任曰擔擔，兩人以手共舁曰㦸。

攢隊　士卒攢簇，各爲隊伍。

方裀、朶殿　凡御宴，官卑地坐殿中方墩之上；其不應升殿，則賜坐左右朶殿。

地拍　田鼠名。正旦日，上於慁間擲米團，得隻數爲不利，則燒地拍鼠以禳之。

廼捏咿呪[4]　正月朔旦也。

怦里凷[5]　怦讀作押，[6]凷讀作頗。二月一日也。六月十八日宴國舅族，亦曰怦里凷。

陶里樺[7]　上巳日，射兔之節名。

討賽咿呪[8]　重午日也。

賽伊呪奢[9]　日辰之好也。

捏褐耐　犬首也。[10]

必里遲離　重九日也。

戴辣　燒甲也。[11]

炒伍侕凷[12]　戰名也。

卓帳　卓，立也；帳，氊廬也。

[1]《禮》、《樂》志：中華修訂本校勘記云，"樂志"二字原闕，據明抄本、南監本、北監本及殿本補。今從。

[2]捜剌：【李注】音譯詞。契丹語"走卒"謂之"捜剌"，後爲軍官名。

[3]大行：【李注】古代稱剛死而尚未定謚號的皇帝、皇后爲"大行皇帝""大行皇后"。《後漢書》卷五《安帝紀》："孝和皇帝懿德巍巍，光於四海；大行皇帝不永天年。"李賢注引韋昭曰："大行者，不反之辭也。天子崩，未有謚，故稱大行也。"

[4]廼捏咿呢：契丹小字**穴 灭**之音譯，漢語意思爲"首日""頭一天"。

[5]恓里：契丹語音譯詞。漢語意思爲"請"。 曱：契丹小字**北**的音譯，漢語意思爲"時""節"。恓里曱，請客的節日。

[6]恓讀作押：本書卷五三《禮志六》作"恓，讀若狎"。

[7]陶里樺：陶里，契丹小字**毛矢勺**的音譯，漢語意思爲"兔"。"樺"，契丹語音譯，漢語意思爲"射"。契丹語的謂語置於賓語之後，陶里樺，漢語意思爲射兔。

[8]討賽咿呢：契丹語"五月節"的音譯。"討"，契丹小字**毛**的音譯，漢語意思爲"五"。本書卷五三《禮志六》謂"討，五；賽咿呢，月也"。

[9]賽伊呢奢：契丹語"好日子"的音譯。本書卷五三《禮志六》謂"'奢'，好也"。

[10]捏褐耐：契丹小字**伏勺 穴**之音譯，漢語意思爲"狗頭"。 犬首：據中華點校本校勘記，"犬"原誤"大"。據本書卷五三《禮志六》及《契丹國志》卷二七改。

[11]戴辣燒甲也：本書卷五三《禮志六》謂"歲十月，五京進紙造小衣甲、槍刀、器械萬副。十五日，天子與群臣望祭木葉山，用國字書狀，並焚之。國語謂之'戴辣'。'戴'，燒也；'辣'，甲也"。

[12]炒伍侕曱：炒伍侕，契丹小字**雨夾**的音譯，漢語意思爲"戰"；曱，契丹小字**北**的音譯，漢語意思爲"時""節日""季節"。

百官志：

石烈辛袞　石烈官之長。

令穩　官名。

弭里馬特本　官名。後陞辛袞。

麻普　即麻都不，縣官之副也，初名達剌干。

知聖旨頭子事　掌誥命奏事官。

提轄司　諸宮典兵官。

皮室[1]　軍制，有南、北、左、右皮室及黃皮室，皆掌精兵。

廳房　即工部。

梅里　貴戚官名。述律皇后族有慎思梅里、婆姑梅里，[2]未詳何職。

抹鶻　瓦里司之官。[3]

先离撻覽　奚、渤海等國官名。疑即撻林字訛。

[1]皮室：【李注】契丹軍名。皮室，意爲“金剛”。初爲阿保機所置，稱“腹心部”。後有南、北、左、右皮室及黃皮室等，皆掌精甲。

[2]述律皇后：遼太祖耶律阿保機的淳欽皇后述律平。本書卷七一有傳。　慎思梅里：淳欽皇后述律平的祖父。　婆姑梅里：淳欽皇后述律平的父親。

[3]瓦里：契丹語音譯詞。漢語意思爲“監獄”。

營衛志：

象吻　黃帝治宮室，陶蚩尤象置棟上，名曰蚩吻。[1]

瓦里　官府名。宮帳、部族皆設之。凡宗室、外戚、大臣犯罪者，家屬没入於此。[2]

抹里　官府名。閘撒狨亦抹里官之一。

算斡魯朶　算，腹心拽剌也。斡魯朶，宮也。已下國阿輦至監母，皆斡魯朶名；其注語則始置之義也。

國阿輦　收國也。

奪里本　討平也。

耶魯盌　興旺也。

蒲速盌　義與耶魯碗同。

女古[3]　金也。

孤穩[4]　玉也。

窩篤盌　孳息也。[5]

阿斯　寬大也。[6]

阿魯盌[7]　輔佑也。

得失得本[8]　孝也。

監母　遺留也。

[1]蚩吻：又作“鴟吻”，傳説中的怪獸名。舊時多以爲屋脊的飾物。明代李東陽《記龍生九子》：“龍生九子，不成龍，各有所好……蚩吻平生好吞，今殿脊獸頭是其遺像。”

[2]宮帳、部族皆設之。凡宗室、外戚、大臣犯罪者，家屬没入於此：中華點校本校勘記云，“族”字原脱。“宗”原誤“宮”。據《大典》卷五二五二及本書卷四五《百官志一》補正。

[3]女古：契丹小字山的音譯，漢語意思爲“金”和“黄”。

[4]孤穩：契丹小字几夬的音譯，漢語意思爲“玉”。

[5]孳息也：中華點校本校勘記云，“孳”原誤“慈”。據本書

卷三一《營衛志上》改。

　　[6]寬大也：中華點校本校勘記云，"寬"原誤"實"。據本書卷三一《營衛志上》改。

　　[7]阿魯盌：中華點校本校勘記云，"阿"原誤"何"。據本書卷三一《營衛志上》改。

　　[8]得失得本：中華點校本校勘記云，本書卷三一《營衛志上》作"赤寔得本"。契丹小字作󰀀，讀音接近"赤寔得本"。

　　地理志：

　　屬珊　應天皇后從太祖征討，[1]所俘人户有技藝者隸之帳下，[2]名屬珊，蓋比珊瑚之寶。

　　永州　其地居潢河、土河二水之間，[3]故名永州，[4]蓋以字從二、從水也。

　　鄭頡上慕各切，下胡結切　渤海郡府名。

　　且慮皆平聲　興中府縣名。

　　豯養上音奚　幽州澤藪名。見《周職方》。

　　菑、時　幽州浸名。出同上。

　　墮瑰　門名。遼有墮瑰部。

　　野旅寅　野謂星野，旅謂躔次；寅者，辰舍。東北之位，燕分析津之所也。

　　[1]應天皇后：遼太祖耶律阿保機的皇后述律平。神册元年（916），上尊號爲應天大明地皇后。

　　[2]所俘人户有技藝者隸之帳下：中華修訂本校勘記云，"技藝者隸"，原作四字空格，據《大典》卷五二五二引《遼史·國語解》補。"隸"，陳士元《諸史夷語音義》卷三作"置"。

[3]潢河：河名。今内蒙古自治區赤峰市境内的西拉木倫河。

土河：河名。今老哈河，發源於馬盂山即今河北省平泉市柳溪鎮上臥鋪村之北的光頭山，流經内蒙古自治區寧城縣、敖漢旗，在翁牛特旗與西拉木倫河匯合。

[4]永州：治所在今内蒙古自治區翁牛特旗白音他拉古城址。

儀衛志：

金镀下祖叢切　馬首飾也。

果下馬　馬名。謂果樹下可乘行者，言其小也。

實里薛袞　祭服之冠，行拜山禮則服之。

鞊鞢帶上他協切，下徒協切　武官束帶也。

扞腰　即挂腰，以鵝項、鴨頭爲之。

胡木鍪　胄名。

鞭馬上音誕　馬不施鞍轡曰鞭。

白駬音餌　以白鷺羽爲網，又廄也。

兵衛志：

捉馬　拘刷馬也。

欄子軍　居先鋒前二十餘里，偵候敵人動靜。

弓子鋪　遼軍馬頓舍，不設營塹，折木稍爲弓，以爲團集之所。又諸國使來，道旁簽置木稍弓，以充欄楯。

食貨志：

云爲户[1]　義即營，運字之訛。

刑法志：

鍾院　有冤者擊鍾，以達于上，猶怨鼓云。

楚古　官名。掌北面訊囚者。[2]

[1]云爲户：中華點校本校勘記云，“户”原誤“所”。據《大典》卷五二五二及本書卷五九《食貨志上》改。

[2]掌北面訊囚者：中華點校本校勘記云，“訊”原誤“詔”。據《大典》卷五二五二改。

表

皇子表：

五石烈　即五院。非是分院爲五，以五石烈爲一院也。

六爪　爪，百數也。遼有六百家奚，後爲六院，[1]義與五院同。二院，即迭剌部析之爲二者是也。

裂麕皮　麕，牡鹿。力能分牡鹿皮。

[1]後爲六院：據中華點校本校勘記，六字原脱，依《大典》卷五二五二補。

世表：

莫弗紇　諸部酋長稱。又云莫弗賀。

蠕蠕而宣切　國名。

俟斤　突厥官名。

遊幸表：

舐鹹鹿　鹿性嗜鹹，灑鹺於地以誘鹿，射之。

女瑰[1]　虞人名。

[1]女瑰：據中華點校本校勘記，“瑰”原誤“瓖”。依《大典》卷五二五二及本書卷七《穆宗本紀下》應曆十四年（964）八月、十八年九月改。

列傳

可敦[1]　突厥皇后之稱。[2]

忒里蹇　遼皇后之稱。

耨斡麼　麼，亦作改。耨斡，后土稱。麼，母稱。

乙室、拔里　國舅帳二族名。

[1]可敦：又作“恪尊”“可賀敦”“哈敦”，我國古代鮮卑語、突厥語、契丹語、蒙古語等北方民族語言中“皇后”一詞的音譯。1980年在今内蒙古自治区鄂倫春自治旗嘎仙洞發現的北魏太平真君四年（443）的石刻祝詞中即有“可敦”一詞。契丹語中的這個單詞是從其祖語鮮卑語那裏繼承下來的，並非突厥語借詞。

[2]突厥：我國古代北方和西北方的民族名。曾建立強大的突厥汗國，至公元6世紀分裂爲東西兩汗國。《周書》《北史》《隋書》《新唐書》《舊唐書》均有傳。當阿保機建立契丹王朝時，突厥汗國早已滅亡。這裏所謂的“突厥”可能是指東突厥汗國的餘部。

諸功臣傳：

龍錫金佩　太祖從兄鐸骨札以本帳下蛇鳴，命知蛇語者神速姑解之，知蛇謂穴傍樹中有金，往取之，果得金，[1]以爲帶，名"龍錫金"。

撒剌　酒樽名。

遙輦糺　遙輦帳下軍也。其書永興宮分糺、十二行糺、黄皮室糺者，倣此。

吐里　官名。與奚六部禿里同。吐、禿字訛。

寝殿小底　官名。遼制多小底官，餘不注。

雜丁黄　禮，男幼爲黄，四歲爲小，十六爲中，二十一爲丁。軍中雜幼弱，以疑敵也。

遙輦尅　遙輦帳下掌兵官。

柢栢　宮衛門外行馬也。[2]

榾柮犀　千歲蛇角，又爲篤訥犀。

珠二琲下蒲味切　珠五百枚爲琲。

題里司徒　題里，官府名。

寉中上陟栗切　地名。

堂印　博之采名。

臨庫　以帛爲通曆，具一庫之物，盡數籍之，曰臨庫。

堂帖　遼制，宰相凡除拜，行頭子堂帖權差，俟再取旨，[3]出給告勑。故官有知頭子事。見《陰山雜録》。

夷離菫畫者　畫者人名，爲夷离菫官。

虎斯　有力稱。《紀》言"虎思"，義同。

[1]穴傍樹中有金，往取之，果得金：據中華點校本校勘記，

"樹中有金往取之果"八字原闕，依《大典》卷五二五二補。

　　[2]柢柜宮衛門外行馬也：據中華點校本校勘記，"柢柜"，《周禮·天官·掌舍》作"柢柜"，注云："柢柜，謂行馬。"

　　[3]俟再取旨：據中華點校本校勘記，"旨"原誤作"二日"。依本書卷三二《營衛志中》改。

（劉鳳翥校注　李錫厚補）

附録一

百衲本《遼史》卷首^[1]

修三史詔

聖旨：至正三年三月十四日，篤憐帖木兒怯薛第三日，咸寧殿裏有時分，速古兒赤江家奴、云都赤蠻子、殿中俺都剌哈蠻、給事中孛羅帖木兒等有來，脱脱右丞相、也先帖木兒平章、鐵睦爾達世平章、太平右丞、長仙參議、孛里不花郎中、老老員外郎、孛里不花都事等奏：^[2]遼、金、宋三國史書不曾纂修來，歷代行來的事跡合纂修成書有俺商量來。如今選人將這三國行來的事跡交纂修成史，不交遲滯。但凡合舉行事理，俺定擬了呵。怎生奏呵，奉聖旨那般者。

三月二十八日，別兒怯不花怯薛第二日，咸寧殿裏有時分，速古兒赤不顏帖木兒、云都赤蠻子、殿中俺都剌哈蠻、給事中孛羅帖木兒等有來，脱脱右丞相、也先帖木兒平章、鐵睦爾達世平章、太平右丞、吳參政、買術丁參議、長仙參議、韓參議、別里不花郎中、王郎中、老老員外郎、孔員外郎、觀音奴都事、孛里不花都事、杜都事、直省舍人倉赤也先、蒙古必闍赤鎖住、都馬等奏：昨前遼、金、宋三國行來的事跡，選人交纂修成史書者麽道奏了來。這三國爲聖朝所取，制度、典章、治亂、興亡之由恐因歲久散失，合遴選文臣分史置局，纂修成書，以見祖宗盛德得天下遼、金、宋三國之由，垂鑒後世，做一代盛典。交翰林國史院分局纂修，職專其事。集賢、秘書、崇文并内外諸衙門裏，著文學博雅、才德修潔，堪充的人每斟酌區用。纂修其間，予奪議論不無公私偏正，必須交總裁官質正是非、裁決可否。遴選位望老成、長於史才，爲衆所推服的人交做總裁官。這三國實録、野史、傳記、碑文、行實，多散在四方，交行省及各處正官提調，多方購求，許諸人呈獻，量給價直，咨達省部，送付史館以備采擇。合用紙札、筆墨、一切供需物色，於江西、湖廣、江浙、河南省所轄各學院并貢士莊錢糧——除祭祀、廩膳、科舉、修理存留外，都交起解將來，以備史館用度。如今省裏脱脱右丞相監修國史做都總裁。交鐵睦爾達世平章、太平右丞、張中丞、歐陽學士、呂侍御、揭學士做總裁官。提調官，省裏交也先帖木兒平章、吳參政，樞密院裏塔失帖木兒同知、姚副樞，臺裏狗兒侍御、張治書、買术丁參議、長仙參議、韓參議、右司王郎中、左司王郎中、老老員外郎、孔員外郎、觀音奴都事、杜都事，六部各委正官并首領官提調。其餘修史的凡例、合行事理，交總裁官、修史官集議舉行呵。怎生奏呵，奉聖旨那般者。

[1]【靳注】此附録一之内容原在百衲本《遼史》卷首,今附録於書後,題目爲編者所加。

[2]脱脱(1314—1356):【靳注】又作托克托、脱脱帖木兒。元人。蔑里乞氏,字大用。歷任同知宣政院事、御史大夫、中書右丞相等職。元至正三年(1343),主持纂修宋、遼、金三史,任都總裁官。《元史》卷一三八有傳。 也先帖木兒:【靳注】生卒年不詳,約1300年至1360年在世。元人。蔑里乞氏。馬札爾台次子,脱脱之弟。嘗爲御史大夫、知樞密院事。善書法,尤以大字著稱。

鐵睦爾達世(1302—1347):【靳注】又譯作鐵木兒塔識、帖木兒達識等。元人。康里氏,字九齡。康里脱脱之子。資稟宏偉,補國子學諸生,讀書聰穎絶人。嘗事明宗於潛邸。歷任禮部尚書、奎章閣侍書學士、同知樞密院事、御史大夫等職。至正間預修宋、遼、金三史,任總裁官。後任左丞相,然不久病死。《元史》卷一四〇有傳。

進遼史表

開府儀同三司、上柱國、録軍國重事、中書右丞相、監修國史、領經筵事臣脫脫言：竊惟天文莫驗於璣衡，[1] 人文莫證於簡策。人主監天象之休咎，則必察乎璣衡之精；監人事之得失，則必考乎簡策之信。是以二者所掌，俱有太史之稱。然天道幽而難知，人情顯而易見。動靜者吉凶之兆，敬怠者興亡之機。史臣雖述前代之設施，大意有助人君之鑑戒。

遼自唐季，基于朔方。造邦本席於干戈，致治能資於蕭斧。[2] 敬天尊祖而出入必祭，親仁善鄰而和戰以宜。南府治民，北府治兵；春狩省耕，秋狩省歛。吏課每嚴於芻牧，歲饑屢賜乎田租。至若觀市赦罪，則脗合六典之規；臨軒策士，則恪遵三歲之制。享國二百一十九載，政刑日舉、品式備具，蓋有足尚者焉。迨夫子孫失御，上下離心。驕盈盛而釁隙生，讒賊興而根本蹷。變強爲弱，易於反掌。吁，可畏哉！

天祚自絕，大石苟延；國既丘墟，史亦蕪莽。耶律儼語多避忌，陳大任辭乏精詳；五代史繫之終篇，宋舊史埒諸“載記”。予奪各徇其主，傳聞況失其真。我世祖皇帝一視同仁，深加愍惻，嘗勅詞臣撰次三史，首及於遼。六十餘年歲月因循，造物有待。

臣脫脫誠惶誠恐頓首，欽惟皇帝陛下，如堯稽古而簡寬容衆，若舜好問而濬哲冠倫。講經兼誦乎祖謨，訪治旁求乎往牒。兹修史事，斷自宸衷。睿旨下而徵聘行，朝士賀而遺逸起。於是命臣脱脱以中書右丞相領都總裁，中書平章政事臣鐵睦爾達世、[3]中書右丞今平章政事臣賀惟一、御史中丞今翰林學士承旨臣張起巖、翰林學士臣歐陽玄、侍御史今集賢侍講學士兼國子祭酒臣呂思誠、翰林侍講學士臣揭傒斯奉命爲總裁官。中書遴選儒臣宗文太監今兵部尚書臣廉惠山海牙、翰林直學士臣王沂、秘書著作佐郎臣徐昺、國史院編修官臣陳繹曾分撰《遼史》，起至正三年四月，迄四年三月。發故府之檔藏，集遐方之匭獻，蒐羅剔抉，删潤研劘。紀志表傳備成一代之書，臧否是非不迷千載之實。臣脱脱叨承隆寄，幸覯成功。載宣日月之光華，願效涓埃之補報。我朝之論議歸正，氣之直則辭之昌，遼國之君臣有知，善者喜而惡者懼。所撰本紀三十卷、志三十二卷、[4]表八卷、列傳四十六卷，各著論贊，具存體裁，隨表以聞，上塵天覽。下情無任，慚懼戰汗，屏營之至。臣脱脱誠惶誠懼，頓首頓首謹言。

　　至正四年三月＿日，開府儀同三司、上柱國、録軍國重事、中書右丞相、監修國史、領經筵事臣脱脱上表。

　　[1]璣衡：【靳注】“璇璣玉衡”的省稱。古代觀測天體星象的儀器。天文學亦常被稱爲“璣衡之學”。
　　[2]黼黻：【靳注】原義指官服上的精美花紋。這裏借指朝廷政綱。

[3]鐵睦爾達世:【劉校】鐵睦,原誤"或陸"。據前《修三史詔》改正。

[4]志三十二卷:【劉校】"二"字,原誤"一",據正文改正。又下文"列傳四十六卷","四十六"當作"四十五",《國語解》一卷,不當計入列傳。

三史凡例

一、帝紀：

三國各史書法，準《史記》《西漢書》《新唐書》。各國稱號等事，準《南》、《北》史。

一、志：

各史所載，取其重者作志。

一、表：

表與志同。

一、列傳：

后妃，宗室，外戚，群臣，雜傳。

人臣有大功者，雖父子各傳。餘以類相從，或數人共一傳。

三國所書事有與本朝相關涉者，當稟。金、宋死節之臣，皆合立傳，不須避忌。其餘該載不盡，從總裁官與修史官臨文詳議。

一、疑事傳疑，信事傳信，準《春秋》。

修史官員

都總裁：

開府儀同三司、上柱國、録軍國重事、中書右丞相、監修國史、領經筵事臣脫脫。

總裁官：

光禄大夫、中書平章政事、知經筵事、提調都水監臣鐵睦爾達世。[1]

榮禄大夫、中書平章政事、知經筵事臣賀惟一。

翰林學士承旨、榮禄大夫、知制誥兼修國史臣張起巖。

翰林學士、資善大夫、知制誥、同修國史臣歐陽玄。

集賢侍講學士、通奉大夫兼國子祭酒臣吕思誠。

翰林侍講學士、中奉大夫、知制誥、同修國史、同知經筵事臣揭傒斯。

纂修官：

正議大夫、兵部尚書臣廉惠山海牙。

翰林直學士、朝請大夫、知制誥、同修國史兼經筵官臣王沂。

文林郎、秘書監著作佐郎臣徐昺。

將仕佐郎、翰林、國史院編修官_臣陳繹曾。

提調官：

資德大夫、中書右丞_臣伯彦。

榮禄大夫、中書左丞_臣姚庸。

奉議大夫、參議中書省事_臣長仙。

通議大夫、參議中書省事_臣呂彬。

朝散大夫、中書右司郎中_臣悟良哈台。

嘉議大夫、中書左司郎中_臣趙守禮。

亞中大夫、中書左司員外郎_臣偰哲篤。

亞中大夫、中書省左司員外郎_臣何執禮。

儒林郎、右司都事_臣觀音奴。

奉議大夫、左司都事_臣烏古孫良楨。

嘉議大夫、禮部尚書_臣王守誠。

中憲大夫、工部尚書_臣丁元。

奉議大夫、禮部侍郎_臣老老。

嘉議大夫、禮部侍郎_臣杜秉彝。

[1]鐵睦爾達世：【劉校】"鐵"字原脱，據前《修三史詔》補入。《金史》作"帖"。

附録二

百衲本《遼史》跋

　　《遼史·進史表》是史成於至正四年三月，先於《金史》者八月。按元刻《金史》卷首有江浙等處行中書省准中書省至正五年四月十三日咨文，去年教纂修遼、金、宋三代史書，即目遼、金史書纂修了。有"如今將這史書令江浙、江西二省開板"等語，是遼、金二史必同時鐫刻，然以此刊本與北平圖書館所藏初刻《金史》相較，字體絕異。刻工姓名亦無一相合，而與涵芬樓所補之五十五卷較，則字體相類，刻工姓名同者亦有四十六人，是此決非初刻無疑。然徧觀海内外所存《遼史》，祇有此本。是否別有初刻？殊難言也。是本刊版粗率，訛字亦多，如廷之誤延，宮之誤官，徙之誤徒，蕭之誤簫及肅，幾成通病，其他訛舛，亦指不勝屈。然究是最古之本，足以校正後出諸本者，猶自不少。本紀第十八重熙二年"即遣興聖宮使耶律壽寧、給事中知制誥李奎充祭奠使"句，諸本均作"遼遣延昌宮使，又以耶律寔、高升、耶律迪、王惟允充兩宮賀宋生辰使、副"句。諸本於第一人均作"耶律楚"。余所見數本是葉均極漫漶，疑明代重刻所據之本，此數字亦不可辨，故輒取他宮以實耶律壽寧所居之職，同時改"即"字爲"遼"字。然《遼史》自稱爲遼，語氣亦殊不合。至"寔"則匡廓微存，故揣爲形似之"楚"字而不知，亦非其人。又志第十六《百官志二》五國部後有"以上四十九節度爲小部族"一行。南監本行格猶存，文字已佚，而北監本及武英殿本則並此空行去之。按上文大部族、小部族兩者並舉，四大王府後有"已上四大王府爲大部族"一語。總結上文，使"四十九節度"後無此一語則文理爲不完矣。又志第三十一《刑法志下》"伶人張隋，本宋所遣汋者"。按《周禮·秋官》"掌士之八成，一曰邦汋"。鄭氏注"斟汋，盜取國家密事"。若今時刺探。尚書事張隋爲宋遣至遼之間諜。汋者取義蓋本於此。明人覆刻，不加深究，竟認爲殘缺之的字妄補數筆，而文義遂不可通。猶不止此。本紀第八保寧三年，"又以潛邸給使者爲撻馬部，置官堂之"，"堂"必"掌"字之誤，而諸本竟改爲"主"字矣。志第三十一"遼二百餘年，骨肉屢相殘滅"，"屢"字僅存半形，然細辨實非他字，而諸本又改爲"自"字矣。本紀第十九重熙十三年"詔富者遣行，餘留屯疑天德軍"，諸本"疑"作"田"。又第二十重熙十九年"敵魯疑遣六院軍將海里擊敗之"，諸本"疑"作"古"。又第二十一重熙二十四年"百僚上表固疑許之"，諸本"疑"作"請"。又第二十四大安元年"以樞密直學士杜公疑參知政事"，諸本"疑"作"謂"。志第二《行營》"長城以南多疑多暑”，諸本“疑”作“雨”。《隋契丹十部》“元魏疑莫勿賀勿于畏高麗、蠕蠕侵逼”，諸本“疑”作“末”。又第四《兵衛志上》“四年疑親征渤海”，諸本“疑”作“又”。以上七“疑”字，殆鎸板之時，原書本文俱已損佚，究爲何字，不敢臆斷，故著一“疑”字以代之。此在宋刊南北諸史多有其例，但彼則旁注小字，此則列入正文，後人疏忽，斷爲訛字，任意改竄，不知妄作，殊失闕疑之意矣。此在元刊，誠非精本，然求較勝者，竟不可得。瑕不掩瑜，故猶取焉。海鹽張元濟。

附録三

國語解補編

　　契丹小字是記録契丹語言的符號。解讀契丹小字是研究契丹語言文字的重要任務之一。經過中外學者八十多年的努力，雖然已經解讀出一大部分契丹小字的字義，但就目前狀況而言，仍然是解讀出來的少，尚未解讀的多，距離契丹小字的徹底解讀的目標還很遙遠，有待有志於此的同行們繼續努力。現在把中外學者共同努力解讀出來的比較可靠的契丹小字分類列舉如下。並且一一注明一個或多個資料出處。對於出處採用簡稱的辦法，以減少篇幅。契丹小字資料的簡稱規定如下：

　　《耶律宗教墓誌銘》簡稱"教"，《遼興宗皇帝哀冊》簡稱"興"，《蕭高寧・富留太師墓誌銘》（舊稱《蕭令公墓誌》殘石）簡稱"留"，《蕭奮勿膩・圖古辭墓誌銘》簡稱"辭"，《耶律仁先墓誌銘》簡稱"仁先"，《仁懿皇后哀冊》簡稱"仁"，《耶律（韓）高十墓誌銘》簡稱"高"，《蕭特每・闍哥駙馬第二夫人韓氏墓誌銘》簡稱"二夫人"，《耶律兀里本・慈特墓誌蓋》簡稱"慈蓋"，《耶律兀里本・慈特墓誌銘》簡稱

"慈",《耶律永寧郎君墓誌銘》簡稱"永",《耶律迪烈墓誌銘》簡稱"迪",《耶律智先墓誌銘》簡稱"智"《蕭太山和永清公主墓誌銘》簡稱"清",《耶律奴墓誌銘》簡稱"奴",《耶律弘用墓誌銘》簡稱"用",《撒懶·室魯太師墓誌碑》簡稱"室",《耶律（韓）迪烈墓誌銘》簡稱"韓迪",《遼道宗皇帝哀册篆蓋》簡稱"道蓋",《遼道宗皇帝哀册文》簡稱"道",《宣懿皇后哀册篆蓋》簡稱"宣蓋",《宣懿皇后哀册文》簡稱"宣",《耶律副部署墓誌銘》簡稱"署",《耶律貴安·迪里姑墓誌銘》簡稱"貴",《許王墓誌蓋》簡稱"許蓋",《許王墓誌銘》簡稱"許",《梁國王墓誌銘》簡稱"梁",《澤州刺史墓誌銘》簡稱"澤",《皇太叔祖哀册篆蓋》簡稱"叔蓋",《皇太叔祖哀册》簡稱"叔",《宋魏國妃墓誌蓋》簡稱"宋蓋",《宋魏國妃墓誌銘》簡稱"宋",《故耶律氏銘石》簡稱"故",《大金皇弟都統經略郎君行記》簡稱"郎",《蕭仲恭墓誌蓋》簡稱"仲蓋",《蕭仲恭墓誌銘》簡稱"仲",《金代博州防禦使墓誌銘》簡稱"博",《蕭居士墓誌銘》簡稱"居",《阜新縣海棠山發現的墓誌殘石》簡稱"海"。簡稱後面的數字表示原石（如果僅是手抄本傳世者則指原抄本）的行數，例如"韓迪五"表示出處在《耶律（韓）迪烈墓誌銘》第五行。

一　年款

契丹小字中的年號並不完全是漢字年號的翻譯。例如年號"景福"的契丹小字□□的本意是"長壽",年號"清寧"的契丹小字□□□的本意可能是"天眷祐"。亦有與漢字年號意義相近者,例如年號"壽昌"的契丹小字□□□之義爲"大壽"。現在把傳世的契丹小字資料中出現的年款按着年號時代的先後順序列舉如下,每個年號均出舉幾個用例與出處。

保寧□□　□□【奴六】

保寧中□□　□□　□□【奴六、貴六】

統和□　□□【韓迪五、清六】

統和元年□　□□　□□　□【韓迪五】

統和、開泰中□　□□　□　□□　□□【韓迪六】

開泰□　□□【梁五】【用二】

開泰二癸丑年□　□□　□　□□　□　□【仁先八】

於開泰八己未年十一月廿九日□　□□　□□　□　□□　□
□　□　□　丁　□　□□【梁五】

於開泰四乙卯年六月二日□　□□　□　□　□□　□　□　□
□　□□【高十三】

太平□　□□【迪十三】

於太平丙寅年正月廿九日　□　□□　□□　□□　□　□□
丁　□　□□【迪十三】

於太平三丁亥年閏九月二日　□　□□　□　□□　□□　□

太平 【智八】

太平【署八】又

於太平九年 【署八】

景福 【署十三】

於景福元年八月一日 【署十三】

重熙 【留十七、梁六、用三】

重熙四年 【梁六】

於重熙十三年 【署十】

於重熙八己卯年 【高十三至十四】

重熙廿四歲次乙未八月丙戌朔四日己丑 丁巳

【興一】

重熙 【迪十四】

重熙年間 【清十五、韓迪十九至二十】

重熙十五丙戌年 【迪十四】

重熙 【慈八】

重熙年間　□□　□　□【慈八】

重熙　□□　□【慈十】

重熙年間　□□　□　□【慈十】

清寧　□　□□【清十六】

清寧年間　□　□□　□　□【清十六】

清寧元年　□　□□　□　□　□【梁八】

於清寧元乙未年　□　□□　□　□　□□　□　□【高十九】

清寧二年　□　□□　□　□【梁八】

於清寧三年二月廿七日　□　□□　□　□　□□　□　□　□　□□【留二十五】

清　寧　五　己　亥　春　二　月　十　四　日　之　夜　丑　時
□　□□　□　□　□　□□　□□　□　□　□□　□　□□　□□　□□【永二十七】

於清寧七年　□　□□　□　□【梁九】

於清寧九年　□　□□　□　□【梁九】

咸雍　□　□□【高二十二】

咸雍元己巳年春　□　□□　□□　□　□□　□　□□【高二十二】

咸雍二甲午年四月十日於酉時　□　□□　□　□□（應爲□□[丙]字之誤）　□□　□　□□　□□　□□　□□　□□　□□【永三十二至三十三】

大康又 〔今丙刃〕【署十八】

大康元年歲次乙卯十一月己未朔三日辛酉
又〔今丙刃〕〔尤灸〕〔卞〕〔卞村〕〔仐仹〕〔仐丂〕〔毛仸〕〔艾〕〔山〕〔坕为〕
〔扎屮〕〔包〕〔夭〕〔求〕〔今为〕【宣四】

大康二年春又〔今丙刃〕〔圣〕〔卞〕〔介灸〕【署十八】

大康二丙辰年三月丙辰朔六日辛酉
又〔今丙刃〕〔圣〕〔丈〕〔癸〕〔卞〕〔包〕〔艾〕〔屮丂丈〕〔爻〕〔扎屮山〕〔灭〕〔夭〕〔求〕〔今为〕
【仁十一】

大康七年九月十九日於巳時又〔今丙刃〕〔屄〕〔卞〕〔柔〕〔艾〕〔乇〕〔柔〕〔夭〕〔矢〕
〔住扎及〕〔兆朱〕【慈十五】

大康又〔叁丙刃〕【高二十五】

大康元乙卯年又〔叁丙刃〕〔尤灸〕〔仐丂丈〕〔为〕〔卞〕【高二十五】

大安〔仐分屮及〕又〔丙〕【許十六】

大安四戊辰年正月己酉朔十三日〔仐分屮及〕又〔丙〕〔乇〕〔山〕〔爻〕〔卞〕
〔穴〕〔艾〕〔山〕〔今为〕〔扎屮山〕〔乇〕〔包〕〔夭〕【永四十三】

於大安十甲戌年八月九日〔仐分屮及〕又〔丙〕〔乇〕〔丈〕〔伏为〕〔卞〕〔巫〕〔艾〕
〔柔〕〔灭〕〔矢〕【智二十】

大安又〔米屮及丙〕【迪四十一】

大安八壬申年八月七日又〔米屮及丙〕〔巫〕〔㞢火〕〔业及〕〔卞〕〔巫〕〔艾〕〔屄〕〔灭〕

【迪四十一】

大安三年春　又　　　包　　　介　【清十七至十八】

大安　又　　　【迪七】

壽昌　又　　　【室十二、清二十一】

壽昌元乙亥年二月廿丙戌日丑時　又　　　　　

火　　　艾　丁　　伏　　杏　　【清二十一】

壽昌四戊寅年十二月四戊寅日

又　　　山　　　　　　艾　　山　　　【奴三】

壽昌六庚辰年四月丁酉朔廿四庚申日　又　　　

　　艾　　　　伏　丁　　　　【用二十】

壽昌七年歲次辛巳正月壬戌朔十三甲戌　又　　

　　　　　穴　艾　　　伏　　　包　　伏

【道四】

壽昌七辛巳年二月壬辰朔廿八己未日　又　　

　　　艾　　　伏　丁　　山　　　【韓迪二十二】

乾統　　　【梁十七】

於乾統元年　　　　　　【梁十七】

乾統七丁亥年四月十四日　　　　火　　

艾　　　【梁二十九】

戊子十月八日之夜四更初刻　山　　　艾　　　

　　　　　　　　【澤二十三】

乾統　父□□【澤二十一】

乾統二年歲次壬午十二月辛亥朔十一日辛酉

父□□□□□□□□□□□□□□□□□【貴十七】

乾統十年歲次庚寅閏八月丁酉朔廿五辛酉

父□□□□□□□□□□□□□□□

□丁□□□【叔四】

天慶　父□□【故十三】

天慶五乙未年四月庚子朔十己酉日　□□□□□

□□□□□□□□□□□【故二十五】

天輔　又□□【仲十】

於天輔六年正月十六日　又□□□□□□□□□□
【仲十】

天會　父□□【郎四、博十】

天會十二甲寅年仲冬十四日　父□□□□□□

□□□□□□□□【郎四至五】

天會　父□□【仲十九】

天會十一年　父□□□□□【仲十九】

天眷　父□□□【仲二十、博二十二】同一篇墓誌中首次用

父 〔字〕，再次用時可省略爲〔字〕。

於天眷元年 父〔字〕 尤奕 〔字〕【仲二十】

天眷二年〔字〕 丕 〔字〕【仲二十】

於天眷三年〔字〕 包 〔字〕【仲二十一】

皇統〔字〕 〔字〕【仲二十一】同一篇墓誌中首次用〔字〕 〔字〕，

再次用時可省略爲〔字〕。

於皇統元年〔字〕 〔字〕 尤奕 〔字〕【仲二十一】

於皇統二年〔字〕 丕 〔字〕【仲二十一】

於皇統五年〔字〕 无 〔字〕【仲二十一】

皇統〔字〕 〔字〕【博二十二】同一篇墓誌中首次用〔字〕 〔字〕，

再次用時可省略爲〔字〕。

皇統元年〔字〕 〔字〕 尤奕 〔字〕【博二十二】

天德父〔字〕【仲二十三】

天德二年歲次庚午九月甲戌朔十九日 父〔字〕 丕 〔字〕

〔字〕 〔字〕 求 又化 汆 艾 余 〔字〕 〔字〕 乇 汆 冺

【仲五十】

大定又〔字〕【博三十八】

大定十庚寅年十二月丙午朔廿五庚午日 又〔字〕 乇 求

〔字〕 丰 乇 丕 艾 余 又化 〔字〕 丁 无 求 又化 冺

【博三十八】

該、此□【道六】

該年該月該日該時□ 卆 口 艾 口 灭 口 北朱【仲四十二至四十三】

該年六月廿三壬子口 卆 厷 艾 丁 包 虫叐 処刂【道六】

該、此口刋【仲二十二】

該年口刋 卆【仲二十二】

二 天干

在契丹語中，用五個單詞表示十個天干。即"甲""乙"同用一個單詞，"丙" "丁"同用一個單詞，"戊""己"同用一個單詞，"庚""辛"同用一個單詞，"壬""癸"同用一個單詞。五個單詞的本意是五種顏色。即用青色表示"甲"或"乙"，用紅色表示"丙"或"丁"，同黃色表示"戊"或"己"，用白色表示"庚"或"辛"。用黑色表示"壬"或"癸"。我們一般按漢語習慣徑直釋爲相應的天干。契丹小字是拼音文字，由於正字法不嚴密，故而有同音互借的現象。例如原字夨與原字余同音，所以夨、余同音。夨、余作爲字雖然是兩個字，但它們拼寫的却是同一個單詞。所以我們説契丹語是用五個單詞表示十個天干，而不説用五個字表示十個天干。如果用字的話，不僅不是五個，十個都不止。表示"甲" "乙"的字有夨、余、余 三個同音字；表示"丙""丁"的有 犬、余 兩個同音字；表示"戊""己"的有 山、山 兩個同音字；表示"庚""辛"的有 采、采 兩個同音字；表示"壬""癸"的有 虫火、由火、虫叐 三個同音字。現把傳世契丹小字中出現的天干列舉如下，並列舉出若干個出處。

甲（青）令考犬【清三十一、道四】

甲（青）令考余【興三】

甲（青）令丸余【仲五十】

乙（青）令考犬【高十三、宣四、清二十一】

乙（青）令考余【興一】

丙（紅）火考犬【迪十三、署三十七】

丙（紅）火考余【興一】

丁（紅）火考犬【梁二十九、清二十】

戊（黃）山【永四十三】

戊（黃）山【博二十四】

己（黃）山【興一、梁五、高十三、宣四】

庚（白）采【奴十、慈十八】

庚（白）采【仲六、仲五十】

辛（白）采【仁十一、宣四】

壬（黑）虫火【迪四十一、韓迪二十二、慈十八】

壬（黑）虫叐【道四】

壬（黑）虫火【署三十七】

癸（黑）🅰️🅱️【仁先八】

三　地支

　　在契丹語中，用十二生肖來表示地支。在紀年部分，我們按漢語的習慣徑直把生肖字釋爲相應的地支。現把傳世的契丹小字資料中出現的十二生肖列舉如下，並列舉其若干個出處。

子（鼠）🅰️【奴四、道六】

丑（牛）🅰️【清二十三、興一】

寅（虎）🅰️【仁十四、奴三、郎五】

卯（兔）🅰️【高十三、清二十、奴三、宣四】

辰（龍）🅰️【永四十三、奴十、韓迪二十二】

辰（龍）🅰️【仁十一】

巳（蛇）🅰️【道四、慈十五】

午（馬）🅰️【仁十四、永三十三、仲六、仲五十】

未（羊）🅰️【高十九、宣四】

未（羊）🅰️【梁五】

申（猴）🅰️【清二十、清三十一、用二十】

申（猴）🅰️【迪二十六、迪四十一、慈十八】

申（猴）🅰️【清二十三】

酉（雞）🅰️【仁十一、永四十三、用二十、宣四】

戌（狗）🅰️【興一、迪十四、清三十一、道四】

亥（豬）🅰️【永二十七、智八、梁二十九】

四　數字

一毛（用於陰性和中性）【興二】

一毛（用於陽性）【教三十二、智十一】

二丞（用於陰性和中性）【梁八、智八、韓迪三十二】

二丞（用於陽性）【留二十三、博四十六】

於二丞矢（時位格）【教十六、智二十】

二的、二人之丞和（所有格）【教二十】

三包（用於陰性和中性）【道四】

三包（用於陽性）【智三、智六】

於三包矢（時位格）【仲七、博二十三】

三令化【韓迪七、用十一】

三令知乃（漢語借詞）【仲二十三】

四毛（用於陰性和中性）【故二十五、梁二十九】

四毛（用於陽性）【韓迪十七】

於四毛矢（時位格）【仲八】

四令旁令（用於陰性和中性）【用四】

四令旁丞（用於陽性）【韓迪十六】

五毛（用於陰性和中性）【用十四、故二十五、梁三】

五戈（用於陽性）【仲六】

於五毛矢（時位格）【仲七、用十四】

六太（用於陰性和中性）【清三十一】

六犮（用於陽性）【道十四、韓迪九】

於六太矢（時位格）【仲八】

七屄（用於陰性和中性）【迪四十一、迪四十一、梁二十九】

七屄（用於陽性）【梁三】

於七屄矢（時位格）【貴八、仲八】

八巫（用於陰性和中性）【迪四十一】

八巫（用於陽性）【高四】

於八巫矢（時位格）【梁八、仲七】

九㐬（用於陰性和中性）【迪十三】

於九㐬矢（時位格）【貴十五】

十乇（用於陽性）【梁二十九】

十一乇 乇【清二十、貴十七】

十二乇 㞷（用於陰性和中性）【教二十二】

十三乇　令化【韓迪七】

於十六乇 左矢（時位格）【梁六】

於十八乇 巫矢（時位格）【梁六】

於十九（時位格）乇 㐬矢【梁六】

二十丁【教二十二】

廿二丁 㞷【教二十二、梁八】

二十四丁　令考盉【韓迪十六】

三十乚【梁八】

三十二乚 㞷【用十六】

三十五乚 乇【用十六】

於三十八乚 巫矢（時位格）【梁八】

三十九乚 㐬【用十六】

於三十九乚　㐬矢（時位格）【梁八】

四十**了**【梁八】

四十一**了 乇**【興三十一】

於四十五**了 乇矢**（時位格）【用十四】

五十**乙**【梁十一】

於五十一**乙 乇矢**（時位格）【梁十一】

六十**乂**【仁先五十五、用四】

於六十二**乂 圣矢**（時位格）【教十六、教三十三】

六十四**乂 令号令**【用四】

六十四**乂 乇**【興三十一】

七十**囗**【智二十】

七十**冈**【許三十八】

於七十二**囗 圣矢**（所有格）【智二十】

七十三**囗 令化**【韓迪九】

八十**厶**【韓迪七】

於八十**厶矢**（時位格）【韓迪七】

八十**ㄅ**【梁十八】

於八十八**ㄅ 巫矢**（所有格）【梁十八】

百**孖**【仁先六十九、博二十三】

千**奘**【留六、博二十三】

千之**奘朾**（所有格）【教七】

千**令犮方**（漢語借詞）【教二十一】

萬**聚**【仁三十一】

萬**丹**【仁先三十五】

五　序數詞

第一 ☒【梁三、許四十八】

第一 ☒【海四、故十九】

第一 ☒【故十六、故十七】

第一、第一個 ☒【清六】

第二、第二個 ☒（用於陰性）【用十五】

第二、第二個 ☒（用於陽性）【用十五】

第二的、第二個名 ☒（所有格）【用二】

第二次、再次 ☒【郎三】

第二、第二個 ☒（用於男性）【教三、教二十一、海四】

第二、第二個 ☒（用於女性）【教二十一、署三十七】

第二的、第二個名 ☒【奴四、梁二】

第三、第三個 ☒（用於男性）【高五、用十五】

第三、第三個 ☒（用於女性）【高四】

第三、第三個 ☒（用於女性）【署二十五】

第三、第三個 ☒（用於女性）【韓迪十三】

第三、第三個 ☒（用於男性）【海四、貴五】

第四、第四個 ☒（用於男性）【高五】

第四、第四個 ☒（用於女性）【韓迪十九】

第四、第四個☒（用於男性）【許四十九、海四】

第四、第四個☒（用於女性）【許五十二】

第五、第五個☒（用於男性）【高六、韓迪五、海四】

第五、第五個☒（用於女性）【教二十、故三】

第五、第五個☒（用於男性）【教三、宋十一】

第六、第六個☒（用於男性）【興十、海四】

第六、第六個☒（用於女性）【清十二】

第七、第七個☒（用於男性）【高七、海四】

第八、第八個☒（用於男性）【高九、迪四】

六　時令和朔閏

年☒【教二十二、梁八】

於年☒☒（時位格）【梁十七】

年之、歲☒☒（所有格）【興一、道四】

月☒【興一、道四】

於月☒☒（時位格）【梁十一】

正月☒☒【永四十三】

日☒【興一、永四十三】

日之☒☒（所有格）【澤二十三、仲二十五】

於日☒☒【梁五】

夜☒☒【辭八、澤二十三、仲二十六】

夜之☒☒（所有格）【仲九】

時〇【郎四】

時〇（複數格）【宣二十五】

時、季〇（複數格加所有格）【道十七】

時〇（複數格）【奴三十七】

時、刻〇（時位格）【永二十七、澤二十三】

更〇【澤二十三】

春〇【清十八、故十三】

夏〇【高二十一、貴十三】

秋〇【迪四十、宣三十】

冬〇【高二十一、郎五】

朔〇【用二十、慈十八】

朔〇【興一、道四】

朔〇【署三十七】

閏〇【智八、貴十三、叔四】

七　國號和國名

燕〇（漢語借詞）【智八】

蜀國〇〇（漢語借詞）【仁先二】

蜀國〇〇（漢語借詞）【智五】

齊國的〇〇（所有格）【仲十九】

遼、契丹〇〇【道蓋、博二十七、仲四十七】

遼國之 𘬠𘱲 𘱿𘲌 （所有格）【仁先十八】

韓國 𘭞𘰠 𘭗𘰥 （漢語借詞）【教二十】

越國 𘰠𘱿𘰥 （漢語借詞）【仲盖】

鄭 𘰤𘰞 （漢語借詞）【仁先二十三】

楚國 𘭝𘰜𘰥 （漢語借詞）【仁先二】

丹國之 𘬠𘭬 𘱿𘲌 （東丹國之）【教四】

秦國 𘰜𘰞 𘭗𘰥 （漢語借詞）【梁十七】

晉國 𘰜𘰞 𘭗𘰥 （漢語借詞）【教三】

宋國 𘰜𘰥 𘭗𘰥 （漢語借詞）【梁十七】

隋國 𘰜𘰜𘰥 𘭗𘰥 （漢語借詞）【用十七】

宋 𘰜𘰥 （漢語借詞）【宋一】

於宋國 𘰜𘰞 𘱿𘰢 （時位格）【署十九】

大宋國之 𘰜𘰞 𘰜𘰥 𘱿𘲌 （所有格）【仁八】

金國之 𘰜𘰞 𘱿𘲌 （所有格）【博十一】

南宋之 𘰜𘰞 𘰜𘰥 （所有格）【仲十七】

隋國 𘰜𘰜𘰥 𘭗𘰥 （漢語借詞）【智五】

遼 𘰜𘱐 （漢語借詞）【仁先三十七】

梁国 𘰜𘰡 𘭗𘰥 （漢語借詞）【梁一】

魏 𘰜𘰜 （漢語借詞）【宋一】

國 𘱿𘲌 （契丹語）【興二十八】

國 𘭗𘰥 （漢語借詞）【教三】

許國 𘭗𘰥 𘭗𘰥 （漢語借詞）【許五】

契丹 𘱑𘱒𘰥 【道蓋、仲十七、博二十七】

契丹 【教一】

大中央遼契丹 又 　 　 【道蓋】

大中央遼契丹國之 又 　 　 　 （所有格）【迪一、高一、慈蓋一、慈一】

大中央契丹遼國之 又 　 　 　 （所有格）【教一】

大遼契丹國之 又 　 　 　 （所有格）【奴一】

大金國之 又 山 　 （所有格）【郎一】

八　部族名

北女真 　 【梁七】

北术不姑之、北阻卜之 　 （所有格）【仁先三十九】

五六院二部 　 　 　 　 【慈四】

六院部 　 　 　 【慈一】

六院部 　 　 　 【慈蓋一】

六部之奚 　 　 　 【署二十四】

女真 　 【梁八】

尢不姑、阻卜 　 【許十七】

阻卜之、尢不姑之 　 （所有格）【許二十】

初魯得 　 （即《遼史》中的"楮特"）【故一、迪三十】

奚 　 【智十二】

九　地名

北東路一　为　（按漢語語序爲“東北路”）【梁七】

宥郡　【郎五】

野魯里山之　（所有格）【故十六】

朔州之　（所有格）【梁十一】

慎州之　（所有格）【興三十六、留二】

瀋州　【韓迪二十一】

瀋州之　（所有格）【梁八至九】

瀋州之　（所有格）【高二十二】

漆水郡　（漢語借詞）【博五】

漆水郡　（漢語借詞）【博二十三】

於曷魯爾山　（時位格）【梁二十三、仲四十三】

永慶陵　【叔五】

永福陵　【道六】

雲慶山之　（所有格　按漢語語序爲“慶雲山之”）【道六】

武安州之　（所有格）【迪十八】

武清之　（所有格）【故十一】

黃龍府之　（漢語借詞）（所有格）【署十二】

黄龍府之　□□　□□（漢語借詞）（所有格）【室十二】

顯陵之　□□　□□（所有格）【教十六】

東京□□　□□【署八】

東京之□□　□□（所有格）【仁先二十一】

上京之□□　□□（所有格）【迪三十三、用四】

中京□□　□□（漢語借詞）【博十九】

中京之□□　□□（所有格）【留十一】

混同郡□□　□□　□□（漢語借詞）【許二】

於唐之乾陵□□　□□　□□（時位格）【郎二】

東平縣之□□　□□　□□（所有格）【居二十四】

新城縣之□□　□□　□□（所有格）【仁先二十五】

於僊遊殿□□　□□　□□（時位格）【道六】

漆水縣□□　□□　□□（漢語借詞）【故二】

漆水縣□□　□□　□□（漢語借詞）【迪一、用八】

於西京□□　□□（時位格）【仲十六】

武清縣之□　□□　□□（所有格）【仁先十四】

大同軍之□□　□□　□□（所有格）【迪十三】

塌母城之□□　□□（所有格）【教十一】

塌母里（塌母）城之□□　□□（所有格）【迪二十五】

南京之□□　□□（所有格）【署十二】

南京◻◻　◻◻【仲十六】

南京之◻◻　◻◻（所有格）【仲一、二十三】

靜江軍◻◻　◻◻　◻◻（漢語借詞）【許十一】

漆水郡◻◻　◻◻　◻◻（漢語借詞）【許二十四】

柳城郡◻◻　◻◻　◻◻（漢語借詞）【梁十】

梁山◻◻　◻◻（漢語借詞）【郎一至二】

洛京之◻◻　◻◻（所有格）【許一】

蘭陵郡◻◻　◻◻　◻◻（漢語借詞）【仲二十一、許九】

龍州◻◻　◻◻【叔二】

醴州之◻◻　◻◻（所有格）【郎三】

宜州之◻◻　◻◻（所有格）【教十一】

永州之◻◻　◻◻（所有格）【迪十六】

平州之◻◻　◻◻（所有格）【教十五】

於奉聖州◻◻　◻◻　◻◻（時位格）【故八】

應州之◻◻　◻◻（所有格）【教十一、清八】

博州之◻◻　◻◻（所有格）【博二十三】

宮殿◻◻　◻◻【郎二】

廣陵郡◻◻　◻◻　◻◻（漢語借詞）【教十五】

高州之◻◻　◻◻（所有格）【故二】

顯州◻◻　◻◻【教二十四】

渠劣山之 （所有格）【韓迪二十二】

顯州 【韓迪二十一、居蓋一】

顯州之 （所有格）【二夫人三】

慶州之殿 【署二十】

興中府 【教十六】

尚洛 【奴二十一】

元帥府 （漢語借詞）【仁先三十八】

十　官名

北西招討一 十 （按漢語語序爲“西北招討”）【梁八】

北東路達領詳穩一 （按漢語語序爲“東北路達領詳穩”）【梁七】

北東路達領詳穩一 （按漢語語序爲“東北路達領詳穩”）【教十三】

北院承旨一 【迪十七】

北院宣徽一 【教十三】

北院副部署都監之事一 【梁七】

北女真詳穩 【梁七】

北府之宰相 【梁十】

右丞☐☐ ☐☐（漢語借詞）【仲二十二】

右丞相☐☐ ☐☐ ☐☐（漢語借詞）【仲二十二】

右僕射☐☐ ☐☐ ☐☐（漢語借詞）【故二】

右監門衛上將軍☐☐ ☐☐ ☐☐ ☐☐ ☐☐ ☐☐ ☐☐（漢語借詞）【二夫人二】

實封食一百賜☐☐ ☐☐ ☐☐ ☐☐ ☐☐ ☐☐（按漢語語序爲“賜食實封一百［戶］”）【博二十三】

延慶宮之都宮使☐☐ ☐☐ ☐☐ ☐☐ ☐☐ ☐☐【奴十三】

延昌宮之副使☐☐ ☐☐ ☐☐ ☐☐ ☐☐【宋十】

崇禄大夫☐☐ ☐☐ ☐☐ ☐☐（漢語借詞）【迪一】

崇禄大夫☐☐ ☐☐ ☐☐ ☐☐（漢語借詞）【道二、宣二】

都統☐☐ ☐☐【博十二】

都統☐☐ ☐☐【郎一】

一品☐ ☐☐【故六】

守司徒☐☐ ☐☐（漢語借詞）【仁先二十三、用四】

守司農少卿☐☐ ☐☐ ☐☐ ☐☐ ☐☐（漢語借詞）【清二十二】

守司空☐☐ ☐☐ ☐☐（漢語借詞）【仲五】

守司空之號☐☐ ☐☐ ☐☐ ☐☐【仁先二十三】

守太師☐☐ ☐☐（漢語借詞）【許三十五】

守太傅☐☐ ☐☐（漢語借詞）【許三十四】

守太傅☐☐ ☐☐（漢語借詞）【仁先三十七】

守太尉　【仁先二十四】

守太保　（漢語借詞）【仁先二十七】

少傅　（漢語借詞）【韓迪十九】

朔州之事知　（按漢語語序爲“朔州之知事”）【梁十一】

率府率　（漢語借詞）【梁六】

率府副率　（漢語借詞）【故十、署十四】

率府帥　（漢語借詞）【奴十二】

率府副率之　（所有格）【奴十一】

尚父　（漢語借詞）【許二、仁先三十五】

上將軍　（漢語借詞）【許十二】

上將軍　（漢語借詞）【仲八】

上將軍之號　（複數格）【署十七】

上輕車都尉　（漢語借詞）【博二十二】

樞密　（漢語借詞）【梁十、用六】

樞密院同知　【迪二十】

樞密副使　（漢語借詞）【許十三】

瀋州之度使　【高二十二】

少師　（漢語借詞）【仲十一】

五院大王　【仁先十五】

戶部尚書　（漢語借詞）【高二十二】

户部之尚書 ⬚ ⬚ ⬚ ⬚【博四十五】

弘儀宮之副宮使 ⬚ ⬚ ⬚ ⬚ ⬚ ⬚【署十六】

護軍 ⬚ ⬚（漢語借詞）【博二十三】

惕隱 ⬚【教十四、韓迪六】

字掌之事知 ⬚ ⬚ ⬚ ⬚（按漢語語序爲"知掌管文字之事"，即"總知翰林院事"）【道二】

武安州之觀察 ⬚ ⬚ ⬚ ⬚【迪十八】

武清之兵馬都監 ⬚ ⬚ ⬚ ⬚ ⬚ ⬚【故十一】

武騎尉 ⬚ ⬚ ⬚（漢語借詞）【道二】

王子班郎君詳穩 ⬚ ⬚ ⬚【教十一】

黃龍府之府尹 ⬚ ⬚ ⬚ ⬚【辭十一】

刺史 ⬚ ⬚（漢語借詞）【貴十一】

司徒 ⬚ ⬚（漢語借詞）【高五】

司徒之 ⬚ ⬚（所有格）【署五十一】

賜紫金魚袋 ⬚ ⬚ ⬚ ⬚ ⬚（漢語借詞）【清二十二】

六字之功臣 ⬚ ⬚ ⬚ ⬚【梁一】

六院大王 ⬚ ⬚ ⬚ ⬚【迪二十二】

六部之都統 ⬚ ⬚ ⬚ ⬚【博十二】

鎮國大將軍之號 ⬚ ⬚ ⬚ ⬚ ⬚ ⬚【署十九】

政事令之􀀀􀀀􀀀（所有格）【韓迪二】

政事令􀀀􀀀􀀀（漢語借詞）【留六】

鎮國􀀀􀀀（"鎮國大將軍"的簡稱）【博三】

鎮國上將軍􀀀􀀀􀀀􀀀􀀀（漢語借詞）【博二十三】

東京之戶部令之錢帛二司之􀀀􀀀􀀀􀀀􀀀􀀀􀀀􀀀􀀀􀀀（複數格與所有格）【迪十九】

東京之通判􀀀􀀀􀀀􀀀【高二十三】

東京留守􀀀􀀀􀀀􀀀【仁先二十一】

同知􀀀􀀀【署十五】

同知􀀀􀀀【梁八】

充本州防禦使􀀀􀀀􀀀􀀀􀀀􀀀（漢語借詞）【叔二】

充本州防禦使􀀀􀀀􀀀􀀀􀀀􀀀（漢語借詞）【宋二】

字之事掌管知􀀀􀀀􀀀􀀀（按漢語語序爲"知掌管文字之事"，即"總知翰林院事"）【智二】

左院奉宸之號􀀀􀀀􀀀􀀀􀀀【用七】

左院千牛衛將軍􀀀􀀀􀀀􀀀􀀀􀀀【用八】

昭武大將軍􀀀􀀀􀀀􀀀􀀀（漢語借詞）【博二十三】

昭武大將軍􀀀􀀀􀀀􀀀􀀀（漢語借詞）【仲

二十七】

行臺尚書省之左丞相 𠅱𠅱 𠅱𠅱 𠅱𠅱 𠅱𠅱 𠅱𠅱 𠅱𠅱 𠅱𠅱 【仲二十二】

上京之留守 𠅱𠅱 𠅱𠅱 𠅱𠅱 𠅱𠅱 【韓迪二】

上京之留守 𠅱𠅱 𠅱𠅱 𠅱𠅱 𠅱𠅱 【迪三十三、用四至五】

上京之通判 𠅱𠅱 𠅱𠅱 𠅱𠅱 𠅱𠅱 【辭十至十一】

中書門下平章事 𠅱𠅱 𠅱𠅱 𠅱𠅱 𠅱 𠅱𠅱 𠅱𠅱 𠅱（漢語借詞）【許十三】

中書令 𠅱𠅱 𠅱𠅱 𠅱𠅱（漢語借詞）【許七】

中書令之 𠅱𠅱 𠅱𠅱 𠅱𠅱（所有格）【仁先二十二】

忠正軍節度使 𠅱𠅱 𠅱𠅱 𠅱𠅱 𠅱𠅱 𠅱 𠅱（漢語借詞）【迪二十】

中京之同知 𠅱𠅱 𠅱𠅱 𠅱𠅱 𠅱【迪十八】

中京之留守 𠅱𠅱 𠅱𠅱 𠅱𠅱 𠅱𠅱 【留十一】

彰愍敦睦延慶三宮之副宮使 𠅱𠅱 𠅱𠅱 𠅱𠅱 𠅱 𠅱𠅱 𠅱𠅱 𠅱 𠅱𠅱 𠅱 𠅱【奴十二】

宰相 𠅱𠅱 【永三】

於宰相 𠅱𠅱（時位格）【仁先八】

宰相之 𠅱𠅱（所有格）【梁二】

宰相 𠅱𠅱 【梁二、仁先六】

宰相之⿰孑化⿰余示（所有格）【辭一】

中京之同知 ⿰扎⿱土火 ⿱九用⿱有 ⿰⿱劣火友【辭九】

尚書職方郎中 ⿰扎⿱⿱土兔 ⿱叉火 友 ⿱⿱土灬 ⿰⿱山兔 马火（漢語借詞）【郎五】

丞相⿰扎⿱⿱⿱火 ⿰今⿱⿱开（漢語借詞）【韓迪四、仲二十二】

承旨⿰扎⿱⿱火 与（漢語借詞）【迪十七】

承旨⿰扎⿱用 与（漢語借詞）【署二十五】

左院郎君班詳穩 ⿱⿰扎九有 ⿱叉化 ⿱⿱叉为⿱夫坌 ⿱今各火（左祇候郎君班詳穩）【梁七、仁先九】

左院夷离畢 ⿱⿰扎九有 ⿱叉化 ⿱用中【教十四】

朝散大夫、守司農少卿、開國子、上騎都尉、賜紫金魚袋⿰扎号 ⿰今为昊 ⿱今⿱叉土 ⿱⿱公叉火 ⿱叉叉火用 ⿱九⿱九平火 ⿱今各 ⿱九兔⿱火 门 ⿱⿱山坒 ⿱今各 ⿱九叉 ⿱⿱⿱火叉 ⿱今平兴（漢語借詞）【清二十二】

侍中⿰九 ⿰子火（漢語借詞）【許七、韓迪五】

侍中⿰九 ⿰扎⿱⿱土火（漢語借詞）【署七】

侍中⿰九⿱各 ⿰子火（漢語借詞）【許六】

侍中之⿰九 ⿰扎⿱⿱土⿱火女（所有格）【署七】

使相之號⿰九 ⿰今⿱⿱开昊 ⿰火化【教十三、署十二】

使持節龍州諸軍事⿰九⿱各 ⿰扎⿱⿱⿱火 ⿰今⿱叉 ⿰⿱山用 ⿰扎⿱土 ⿰亥火 ⿱九亦 ⿰九⿱各（漢語借詞）【叔二、宋二】

安州之刺史 【辭八】

安國軍之度使 【許六】

同知 （漢語借詞）【仁先十四】

同監修國史 （漢語借詞）【仲二十三】

同中書門下平章事 （漢語借詞）【許十三】

同中書門下平章事 （漢語借詞）【迪一、宋十】

統軍之 （所有格）【故十八】

猛安 （所有格）【仲二十二】

猛安之首長 【博十四】

團練 （漢語借詞）【仲七】

團練使 （漢語借詞）【宋十一】

團練防禦 （漢語借詞）【智十】

大丞相 （漢語借詞）【高六】

大將軍 （漢語借詞）【高十五】

大將軍 （漢語借詞）【許十一】

印牌司之郎君 【迪十五、高二】

印牌司之郎君 （複數格）【智二】

兵馬都監 （漢語借詞）【故十一】

檀州之事知◻◻ ◻ ◻ ◻（按漢語語序爲"檀州之知事"）【宋十】

夷離菫◻◻（音譯的契丹語官名，意爲"部長"）【迪四】

都統◻ ◻（漢語借詞）【許十八】

都宮使◻ ◻◻ ◻（漢語借詞）【署十七、梁六】

都監◻ ◻（漢語借詞）【博四】

都監◻ ◻（漢語借詞）【辭八、迪十三】

敦睦宮判官◻◻ ◻ ◻◻ ◻◻ ◻◻（漢語借詞）【迪十三】

副使◻◻（漢語借詞）【宋十】

副使◻◻（漢語借詞）【居十四】

副署◻◻ ◻◻（漢語借詞）【署三】

副署◻◻ ◻◻（署二十】

副點檢之◻◻ ◻◻ ◻◻（所有格）【仁先九】

副元帥◻◻ ◻◻◻ ◻◻（漢語借詞）【署四、署五】

副元帥之◻◻ ◻◻◻ ◻◻（所有格）【署六】

駙馬◻ ◻◻（漢語借詞）【仲五】

駙馬都尉◻ ◻◻ ◻ ◻（漢語借詞）【宋八】

副部署◻◻ ◻◻ ◻◻（漢語借詞）【仁先十九】

副部署◻◻ ◻◻ ◻◻（漢語借詞）【署十九】

副宮使（漢語借詞）【仲八】

副部署之事知【署十八】

府尹（漢語借詞）【室二】

輔國上將軍（漢語借詞）【仲八】

副宮使（漢語借詞）【智十一】

輔國大將軍（漢語借詞）【奴十五】

輔國上將軍（漢語借詞）【博四十一】

天下都統大元帥（天下兵馬大元帥）【署五】

天雲軍詳穩事知【博七】

夜日官（宿直官）【韓迪十三】

將軍（漢語借詞）【許十一】

宣徽（漢語借詞）【梁九】

宣武將軍（漢語借詞）【博三十九】

宣徽（漢語借詞）【仲十九】

採訪（漢語借詞）【迪八】

採訪（漢語借詞）【故五】

積慶宮之副宮使【署十六】

詳穩　⿰⿱令各火　【署十二】

左率府副率　⿰令及　⿰叉及　⿱分　分　⿰叉及　（漢語借詞）【許三】

左奉宸　⿰令及　⿰业当　⿰朱扚　（漢語借詞）【署二】

左監門衛上將軍　⿰令及　⿱⿰几才坴　⿰叉扚　⿰火业　⿰叉允　⿰令弁　⿰几亦　（漢語借詞）【仁先六十一至六十二】

將軍　⿰令弁　⿰几亦　（漢語借詞）【署二、梁四】

相公　⿰令弁　⿰几火　（漢語借詞）【教二十】

相公之　⿰令弁　⿱⿰几火火　（所有格）【慈十二】

千牛衛將軍　⿰令交弓　⿰竹丙　⿰火火　⿰令弁　⿰几亦　（漢語借詞）【教二十一】

先鋒、前鋒　⿰令交弓　⿰业当　（漢語借詞）【署十二】

漆水縣開國伯　⿰令火　⿰叉火　⿰业弓　⿰火十　⿰几火　⿰舟朵　（漢語借詞）【故二】

漆水郡開國公　⿰令火　⿰叉火　⿰几亦　⿰叔万　⿰几火　⿰几火　（漢語借詞）【迪一】

漆水縣開國子　⿰令火　⿰叉火　⿰业弓　⿰火十　⿰几火　⿰令谷　（漢語借詞）【叔二、宋二】

積慶副宮使　⿰令火　⿰火用　⿰令及　⿱⿰几丙火火　⿰几　（漢語借詞）【高十五】

小將軍　⿰令弓　⿰令弁　⿰几亦　（漢語借詞）【梁六】

南府之宰相　⿰令方　⿰令火　⿱⿰引化欠　【高二十五、韓迪八】

南京之留守　⿰令方　⿱⿰几丙火火　⿰屮丙　⿰叉土　【韓迪三】

南京之步軍　　　　　　【高十八】

南京之統軍　　　　　　【高二十四】

大丞相　　　　（漢語借詞）【韓迪四】

大内惕隱　　　　（漢語借詞）【教十四】

大將軍之　　　　（所有格）【用二】

度使　　（漢語借詞）【署十七】

度使之號　　　【署十】

度使之號　　　（複數格）【教十一】

度使　　（漢語借詞）【留二十】

塌母里城之度使之事知　　　　　【迪二十五】

度使　　（漢語借詞）【辭十】

南京之侍衛　　　　【署十二】

南京之留守　　　　【仁先三十七】

殿中侍御史　　　　（漢語借詞）【叔二、宋二】

　（契丹語的官名）【慈三】

世襲猛安之號、多代之猛安之號　　　（時位格）【博十五】

寧遠大將軍　　　　（漢語借詞）

【博二十二】

特進🔣🔣（漢語借詞）【仲二十一】

南京之留守🔣🔣　🔣🔣　🔣🔣【仲一】

南府之宰相🔣🔣　🔣🔣　🔣🔣【許二十五】

大將軍之🔣🔣　🔣🔣　🔣（所有格）【辭九】

點檢同知🔣🔣　🔣🔣　🔣🔣　🔣🔣【宋十一】

殿前都點檢🔣🔣　🔣🔣　🔣　🔣🔣　🔣🔣（漢語借詞）【仲二十】

左丞相🔣🔣　🔣🔣　🔣🔣（漢語借詞）【仲二十二】

左金衛上將🔣🔣　🔣🔣　🔣　🔣🔣　🔣🔣（漢語借詞）【仲二十】

左金吾衛上將軍🔣🔣🔣🔣🔣🔣　🔣🔣　🔣🔣　🔣🔣　🔣（漢語借詞）【宋七至八】

靜江軍節度使🔣🔣　🔣🔣　🔣🔣　🔣🔣　🔣🔣（漢語借詞）【許十一】

將軍🔣🔣　🔣🔣（漢語借詞）【博五】

節度使🔣🔣　🔣🔣（漢語借詞）【許十一、迪一】

留守🔣🔣　🔣🔣（漢語借詞）【仲一】

洛京之留守🔣🔣　🔣🔣　🔣🔣　🔣🔣【許一】

郎中🔣🔣　🔣🔣（漢語借詞）【郎五】

龍虎衛上將軍🔣🔣　🔣　🔣🔣　🔣🔣　🔣🔣🔣（漢語借詞）【仲二十】

龍虎軍上將軍🔣🔣　🔣　🔣🔣　🔣🔣　🔣🔣　🔣🔣（漢語借

詞）【高二十三】

龍州刺史〔契丹字〕（漢語借詞）【叔二、宋二】

龍州團練使〔契丹字〕（漢語借詞）【宋十一】

林牙〔契丹字〕【教十一、迪二十】

林牙〔契丹字〕【許十二】

林牙之〔契丹字〕（所有格）【署二十四】

令公〔契丹字〕（漢語借詞）【留五、梁三】

令公之〔契丹字〕（所有格）【梁三、居三】

禮賓使〔契丹字〕（漢語借詞）【宋七】

禮賓使〔契丹字〕（漢語借詞）【署十五】

禮部侍郎〔契丹字〕（漢語借詞）【仲二十七】

吏部尚書〔契丹字〕（漢語借詞）【高二十二至二十三】

銀青崇禄大夫〔契丹字〕（漢語借詞）【道二、宣二】

銀青崇禄大夫〔契丹字〕（漢語借詞）【叔二、宋二】

銀青光禄大夫〔契丹字〕（漢語借詞）【仲二十一】

元帥〔契丹字〕（漢語借詞）【仲十八】

御院通進〔契丹字〕（漢語借詞）【道二、宣二】

儀同三司 ▢▢ ▢▢ ▢ ▢（漢語借詞）【仲二十一】

沁州之刺史 ▢▢ ▢ ▢▢ ▢【博二十二】

開國公 ▢▢ ▢▢ ▢▢（漢語借詞）【迪一】

開府儀同三司 ▢▢ ▢ ▢▢ ▢▢ ▢ ▢（漢語借詞）【許一、留六、仲二十一】

開府儀同三司 ▢▢ ▢ ▢▢ ▢▢ ▢ ▢（漢語借詞）【仲五】

勑字知 ▢▢ ▢▢ ▢▢（按漢語語序爲"知勑字"，也就是"知制誥"）【署六】

永州之同知 ▢▢ ▢ ▢▢ ▢【迪十六】

南西招討 ▢ ▢ ▢ ▢（按漢語語序爲"西南招討"）【高二十、韓迪五】

南東統軍 ▢ ▢ ▢▢ ▢▢（按漢語語序爲"東南統軍"，即"東南面統軍使"）【署十】

南院同知 ▢ ▢▢ ▢▢ ▢▢【署十六】

南院同知 ▢ ▢▢ ▢▢ ▢▢【迪二十】

南院同知 ▢ ▢▢ ▢▢ ▢▢【梁七】

南院副部署 ▢ ▢▢ ▢ ▢▢ ▢▢【教十二】

南院副部署 ▢ ▢▢ ▢▢ ▢▢ ▢▢【貴八】

南院林牙 ▢ ▢▢ ▢▢【仁先七】

南院林牙 ▢ ▢▢ ▢▢【教十一】

防禦使 ▢ ▢▢ ▢（漢語借詞）【教十】

實封食二百户 业扎　业雨　圣　弜　刃夾（按漢語語序爲“食實封二百户”）【迪一】

部署司同知 业夾　冹火　业　右夾　屍夾【奴十三】

邑食二千 业本　业雨　圣　奊（按漢語語序爲“食邑二千”）【迪一】

平章政事 业用　玘气　丸用　兀右（漢語借詞）【仲二十二】

平亂功臣 业用　业示　凡火　茇用（漢語借詞）【仁先六十二】

奉聖州之事知 业火　冹夾　茇火　火　屍夾（按漢語語序爲“知奉聖州之事”）【高二十六】

奉宸之號 业火　茇雨右　火化【署二十五】

奉宸之號 业业　茇右　火化【用七】

防禦使之號 业业　夾火　兀右　火化【迪十八】

部署司同知 业尺　冹火　业　右夾　屍夾【宋八】

夷離畢 用屮【教十四】

應州之度使 用　茇火　令欠　令欠【清八】

右院宣徽之 爲夾　夾化　业　茇右　令夾　火夾（所有格）【仲十九】

僕射 爲夾　欠（漢語借詞）【高三】

步軍之事知 爲夾　凡亦右　屍　火夾【辭十一】

驃騎大將軍 爲号　凡夾夾　久丰　令爲　凡亦（漢語借詞）【仲十九】

博州之防禦使 〔契丹文〕 （漢語借詞）【博二十三】

觀察之號 〔契丹文〕【梁六】

觀察使 〔契丹文〕 （漢語借詞）【教十、故二】

觀察使 〔契丹文〕 （漢語借詞）【仲八】

雲騎尉 〔契丹文〕 （漢語借詞）【宋二】

雲騎尉 〔契丹文〕 （漢語借詞）【叔二】

首長、長官 〔契丹文〕【留十四、郎四】

首長、長官 〔契丹文〕【郎三】

宮之使 〔契丹文〕【高十九】

光禄大夫 〔契丹文〕 （漢語借詞）【仲二十一】

金紫崇禄大夫 〔契丹文〕 （漢語借詞）【故二】

金吾衛上將軍 〔契丹文〕 （漢語借詞）【許十二】

金吾衛上將軍 〔契丹文〕 （漢語借詞）【高二十】

高州之觀察使 〔契丹文〕【故二】

觀察使之號 〔契丹文〕【博十九至二十】

檢校國子祭酒 〔契丹文〕 （漢語借詞）【道二】

檢校國子祭酒 〔契丹文〕 （漢語借詞）【宣二】

兼中書令 （漢語借詞）【高一、許一】

兼侍中 （漢語借詞）【用四】

檢校太尉 （漢語借詞）【留六】

檢校尚書右僕射 （漢語借詞）【故二、叔二、宋二】

檢校太師 （漢語借詞）【貴五】

檢校工部尚書 （漢語借詞）【用八至九】

經略 （漢語借詞）【郎一】

監門衛上將軍 （漢語借詞）【迪二十一】

於宮使都監 （時位格）【用十八】

功臣 （漢語借詞）【許十六】

功臣八字 （複數格）【留六】

功臣二字 （複數格）【高二十五】

工部尚書 （漢語借詞）【高二十一】

騎都尉 （漢語借詞）【居一】

開國公 （漢語借詞）【高一】

顯武將軍 （漢語借詞）【居蓋一、居一】

顯州之度使 ☒ ☒ ☒ ☒【二夫人三】

興聖都宮使 ☒ ☒ ☒ ☒ ☒（漢語借詞）【高十八】

四字之功臣 ☒ ☒ ☒ ☒【許一】

四字功臣 ☒ ☒ ☒ ☒【用三】

于越之 ☒（契丹語官名"于越"簡化後加所有格詞尾）【署四】

于越 ☒（音譯的契丹語官名）【許二、署四】

太師 ☒ ☒（漢語借詞）【故五、迪十】

太子少師之 ☒ ☒ ☒ ☒（所有格）【留十一】

太子太傅 ☒ ☒ ☒ ☒（漢語借詞）【貴八】

太師 ☒ ☒（漢語借詞）【留三、署七】

太師 ☒（漢語借詞）【教二十一、慈十二】

太師之 ☒ ☒（所有格）【署七】

於太師 ☒ ☒（時位格）【仁先七】

於太師 ☒（時位格）【韓迪二十一】

太傅 ☒ ☒（漢語借詞）【許三十四】

太傅領三省事 ☒ ☒ ☒ ☒ ☒ ☒ ☒（漢語借詞）【仲二十三】

太尉 ☒ ☒（漢語借詞）【仁先二十四】

於太尉 ☒ ☒（時位格）【梁十九】

太尉 ☒ ☒（漢語借詞）【梁四、梁七、慈七、許四十

九】

太尉之🔲 🔲（所有格）【慈五】

太保🔲 🔲（漢語借詞）【韓迪二、署十】

太保🔲🔲（漢語借詞）【留十七、梁六】

太保之🔲🔲（所有格）【梁十九】

於太保🔲🔲（時位格）【教二十二】

太子少師🔲 🔲 🔲 🔲（漢語借詞）【仲二十】

尚書右丞🔲 🔲 🔲 🔲（漢語借詞）【仲二十一】

尚書右丞相🔲 🔲 🔲 🔲 🔲（漢語借詞）【仲二十二】

尚書禮部侍郎🔲 🔲 🔲 🔲 🔲 🔲（漢語借詞）【仲二十八】

敵史🔲 🔲（漢語借詞）【留十六】

長寧宮副宮使🔲 🔲 🔲 🔲 🔲（漢語借詞）【迪十九】

長寧宮之副部署🔲 🔲 🔲 🔲 🔲 🔲【許四十九】

指揮使🔲 🔲 🔲（漢語借詞）【居十二】

十一　尊號、廟號、謚號、爵位

仁聖大孝文皇帝之🔲 🔲 🔲 🔲 🔲 🔲（指遼道宗）【道蓋】

燕王 ▨ 杰（漢語借詞）【智八、奴五】

燕國王之 ▨ 壴（所有格）【奴二十六、奴二十七】

蜀國王 ▨ 杰（漢語借詞）【仁先二】

聖宗皇帝 ▨ 主王（漢語借詞）【韓迪七】

聖宗皇帝之 ▨ 主 王有（所有格）【留十四】

聖宗皇帝 ▨ 主 王（漢語借詞）【教五】

聖宗皇帝之 ▨ 主 ▨（所有格）【用二】

順宗皇帝之 ▨ 主 王雨（所有格）【梁十九】

順宗之 ▨（所有格）【仲三】

聖宗皇帝之 ▨ 主 王雨（所有格）【許四十六】

蜀國王 ▨ 杰（漢語借詞）【智五】

蜀國王之 ▨ 杰子（所有格）【智六】

淑儀 ▨（漢語借詞）【用二】

漆水郡夫人 ▨（漢語借詞）【博四十二】

漆水郡太夫人 ▨（漢語借詞）【博五】

漆水郡開國伯 ▨（漢語借詞）【博二十二】

韓國公 ▨（漢語借詞）【仲二十一】

皇帝 主 王（漢語借詞）【仁七】

皇帝 [契丹文] （漢語借詞）【用十五】

皇太叔 [契丹文] （漢語借詞）【迪十七】

皇太叔祖之 [契丹文] （所有格）【叔一】

皇太后 [契丹文] （漢語借詞）【仁四】

越國王 [契丹文] （漢語借詞）【仲盖】

越國妃 [契丹文] （漢語借詞）【仲二十七】

越國公主之 [契丹文] （所有格）【仲五】

鄭王 [契丹文] （漢語借詞）【仲二十三】

趙國公主之 [契丹文] （所有格）【宋九】

道宗仁聖大孝文皇帝 [契丹文]

[契丹文] 【道五】

道宗皇帝之 [契丹文] （所有格）【仲二】

混同郡王 [契丹文] （漢語借詞）【許二】

混同郡王之 [契丹文] （所有格）【用四】

陳留國王之 [契丹文] （所有格）【仲五】

郯王 [契丹文] （漢語借詞）【仲二十二】

楚國王 [契丹文] （漢語借詞）【仁先二】

承天皇太后 [契丹文] （漢語借詞）【教五】

玄祖皇帝 [契丹文] （漢語借詞）【仁先二】

玄祖皇帝 [契丹文] （漢語借詞）【智五】

聖元天金皇帝 [契丹文] 【慈三】

惠文天子皇帝之 [契丹文] （所有格）【署五】

聖興宗皇帝　　　　　　　　　　　　　　【仁先三】

富春郡王之號　　　　　　　　　　　　　【仁先六】

天皇帝　　　（指遼太祖）【迪五】

天皇帝之　　　（所有格）【迪五】

於天皇帝　　　（時位格）【梁二】

清寧皇帝　　　　　　　【用十五】

統和皇帝之　　　　　（所有格）【清六】

天子皇帝之　　　　　（指遼太宗）　（所有格）
【署五】

天授皇帝之　　　　　（指遼世宗）（所有格）【迪九】

秦王　　　（漢語借詞）【高三】

秦國王　　　　（漢語借詞）【梁十七】

晉國公主　　　　　（漢語借詞）【居三】

晉國太夫人　　　　　（漢語借詞）【許八】

秦國太妃之號　　　　　　【梁十七】

秦晉國王　　　　　（漢語借詞）【教三】

宣懿皇后　　　　　　【宣五】

宣懿皇后之　　　　　　（所有格）【宣一】

曹王　　　（漢語借詞）【仲二十三】

隋國王之　　　　（所有格）【智六】

漆水縣開國伯　　　　　　　（漢語借詞）【故二】

漆水縣開國男 〔契丹文〕（漢語借詞）【用八】

齊國王 〔契丹文〕（漢語借詞）【宋四】

宗天皇太后之 〔契丹文〕（所有格）【署十八】

宋國王 〔契丹文〕（漢語借詞）【梁十七】

宋王之號 〔契丹文〕【仁先二十】

宋國太妃 〔契丹文〕（漢語借詞）【梁十七】

宋魏國王之 〔契丹文〕（所有格）【用十七至十八】

宋國王之 〔契丹文〕（所有格）【奴四】

宋魏國妃 〔契丹文〕（漢語借詞）【宋四】

德祖皇帝之 〔契丹文〕（所有格）【迪六】

德祖皇帝之 〔契丹文〕（所有格）【故五】

德祖皇帝 〔契丹文〕（漢語借詞）【智六】

德宗之 〔契丹文〕（所有格）【仲三十六】

隋國王 〔契丹文〕（漢語借詞）【智五】

漆水郡王 〔契丹文〕（漢語借詞）【許二十四】

柳城郡王之號 〔契丹文〕【梁十】

蘭陵郡王 〔契丹文〕（漢語借詞）【宋四、仲二十一】

蘭陵縣開國男 〔契丹文〕（漢語借詞）【居一】

魯王 ⿰⿱⿰ ⿰（漢語借詞）【仲二十三】

梁國王 ⿰ ⿰ ⿰【梁四】

梁國太妃 ⿰ ⿰ ⿰ ⿰（漢語借詞）【梁十五】

遼王之號 ⿰ ⿰ ⿰【仁先三十七】

吳王之號 ⿰ ⿰ ⿰【仁先二十二】

義和仁壽皇太叔祖 ⿰ ⿰ ⿰ ⿰ ⿰ ⿰ ⿰ ⿰ ⿰（漢語借詞）【叔四】

儀天皇太后之 ⿰ ⿰ ⿰ ⿰ ⿰（所有格）【用十二】

開國公叔 ⿰ ⿰ ⿰（漢語借詞）【迪一】

開國男叔 ⿰ ⿰ ⿰（漢語借詞）【清三十二】

開國男叔 ⿰ ⿰ ⿰（漢語借詞）【用八】

永清郡主 ⿰ ⿰ ⿰ ⿰（漢語借詞）【清一】

別胥 ⿰（宰相夫人的契丹語封號）【教二十五、仁先六】

幽國公 ⿰ ⿰ ⿰（漢語借詞）【仲五】

族系汗 ⿰ ⿰（指當今皇帝，此處指遼興宗）【教十四】

族系可汗之朝 ⿰ ⿰ ⿰（此處指天祚皇帝之朝）【梁十七】

族系可汗 ⿰ ⿰（指當今皇帝）【用七】

族系可汗 ⿰ ⿰（指當今皇帝）【用九】

仁宗 ⿰ ⿰（漢語借詞）【仁八】

仁懿皇后之 ⿰ ⿰ ⿰ ⿰（所有格）【仁一至二】

仁懿皇后□□　□□　□　□（漢語借詞）【仁十四】

皇后□□　□【宣五、梁十九】

皇后之□□　□□（所有格）【宣一】

開國子□□　□□　□□（漢語借詞）【清二十二】

廣陵郡王之□　□□　□□　□（所有格）【教一】

廣陵郡王之號□　□□　□□　□　□□【教十五】

景宗皇帝□□　□□　□（漢語借詞）【教三】

景宗皇帝□□　□□　□　□（漢語借詞）【留七】

郡主□□　□□（漢語借詞）【清十九】

懿祖皇帝□□　□□　□　□（漢語借詞）【故四】

開國子□□　□□　□□（漢語借詞）【叔二、宋二】

開國伯□□　□□　□□（漢語借詞）【故二】

開國公□□　□□　□□（漢語借詞）【高一】

許王□□　□（漢語借詞）【許二】

許國王□□　□□　□（漢語借詞）【許五】

興宗皇帝□□　□□　□　□□（漢語借詞）【用七】

興宗之□□　□□　□（所有格）【署七、梁十五】

興宗之朝□□　□□　□□【署九】

興宗□□　□□（漢語借詞）【興二】

興宗□□　□□（漢語借詞）【故八】

太叔祖之□□　□□　□（所有格）【叔蓋】

大聖天金皇帝之□　□□　□　□　□　□□（所有格）【留

四】

太祖天金皇帝之〔契丹文〕（所有格）【許五】

太祖大聖天金皇帝〔契丹文〕【仁先三】

太子〔契丹文〕（漢語借詞）【許三】

太祖聖元皇帝之〔契丹文〕（所有格）【故四】

太宗〔契丹文〕（漢語借詞）【仲十九】

十二　姓名

蘇〔契丹文〕（意譯爲“白”）【教一、教二十六、仁先二十七、二夫人十三】

昭〔契丹文〕【慈六】

昭兀爾〔契丹文〕【清七】

昭古維〔契丹文〕【永九】

乙你割〔契丹文〕【智十四】

偶寧〔契丹文〕【高九】

伊德古〔契丹文〕【署二十六】

耶律〔契丹文〕【道二】

耶律木里〔契丹文〕（耶律穆里）【智五、貴二、迪五】

耶律穆里〔契丹文〕（耶律木里）【署三、慈三】

耶律固〔契丹文〕【道二、宣二、故二】

耶律、耶律氏　【教三、貴二、故一、居三】

姚景禧　【仁先三十五】

揚哈　【二夫人三】

揚節　【仁先八】

揚節　【智十三】

楊九　（指蕭楊九）【署二十一、韓迪十七】

楊從越　【仁先二十五】

楊寧　【辭一】

揚寧・水軍奴　【貴十四】

月椀　【梁二】

延壽　【慈五、署七】

閣氏　【慈十】

延留　【故八】

燕哥　【韓迪十八】

燕哥　【仁先七】

燕尚女　【貴十五】

燕寧・呼哩西　【慈六】

延寧・汗哈　【仁先七】

延寧・蘇里赫　【高四】

延寧・乙辛　【永十三】

延寧·謝十 ⿰ （Khitan）【韓迪六】

耶魯 （Khitan）（指太平奴）【智五】

嚴實 （Khitan）【慈六】

永寧 （Khitan）【永十九、永四十二】

旗幟 （Khitan）【韓迪九】

慈特 （Khitan）【慈三】

慈寧 （Khitan）【教二】

十三 （Khitan）（指蕭十三）【署二十】

十哥 （Khitan）【永十八】

守期 （Khitan）【永十三】

述瀾 （Khitan）【仁先八】

時時里 （Khitan）【故十七】

時時里·迪烈 （Khitan）【梁四】

沙里懶 （Khitan）【博三十九】

沙里 （Khitan）【梁四】

尚芬 （Khitan）【貴七】

石魯隱 （Khitan）【梁二】

石魯隱 （Khitan）【仁先八】

石魯隱·尤里者 （Khitan）【智十二】

聖光奴　　　　　【永二十一】

室魯　　【室額一】

時時里　　【用五】

時時里·迪烈　　　【用十二】

時時里·迪烈　　　【宋四】

善哥　　　【永十四、清六、清十一】

善寧·廣富奴　　　　　【迪十二、故六】

順利　　【迪三十】

舜之　　（所有格）【智三】

世神奴　　　　　【永二十二】

室臘　　【智七】

實突寧·安利　　　　【清五】

實突寧·安利　　　　【居三】

松峨　　【韓迪二十一】

實翁兀哩　　【慈五】

陶得里之　　（所有格）【梁七】

陶寧　　【署二十六】

弘用　　　　【用九】

迪斯格【永十三】

於迪斯格（時位格）【智十二】

帝德【奴二十七】

曷魯【迪七】

何魯兀哩【二夫人一】

曷魯·曉古【許六】

曷魯寧·轄麥哥【迪七】

曷魯寧·敵魯【署四、慈四】

曷魯本·阿布【博四十二】

曷魯·吼、曷魯本·吼【迪八、故五】

哈里【永十八】

韓家奴【海四】

韓家奴【清十三、用十九】

韓九【永十九】

韓國單哥【清六】

何你、韓寧【韓迪六、博五】

韓寧·宜新【署八】

何你·雯金【韓迪六】

汗哈【智十一】

漢阿哈【高七】

和尚奴夾 乇乇 公爻【永七】

擺撒里可仐【署二十七】

擺撒寧可仐【韓迪十九】

擺撒寧可仐【清十四】

歐里本【高十二】

歐懶【清一、居四】

吳家【二夫人六】

文安【故十六】

王寧・高十【高十三】

王留【留二十三、韓迪二十一】

王五【迪十二、清六、居四】

王日【故十八、迪三十三】

王圭【郎五】

王家童【許四十五】

王家奴【高十一】

帖剌【故四】

帖剌、鐵剌【迪四、梁二】

迪里鉢【仁先八、智十三】

鐵離【教二十一】

黃應期【郎五】

額【慈六】

烏也里、敖耶里【永十八、海五】

烏演 【仲二、清十四】

訛里 【用五】

訛里本 【宋七】

烏魯姑 【韓迪十六】

訛里本、烏盧本、幹里本 【用二、智一、韓迪十五】

訛里本・除鉢 【梁四】

訛里本 【用十四】

越留 【清十一】

延哥 【清十二】

司家奴 【署二、奴二】

司哥 【署八】

律來 【高六】

魏北也 【韓迪六】

乌煨・烏特賴 【韓迪十七】

娓怡 【迪十三】

脱倫 【署三】

李韓九 【永十五】

醜女哥 【梁十九】

醜哥 【用十三】

醜穆洋 【博四十三】

醜女哥 【智十五】

酬利 【故十九、迪三十三】

崇骨德<small>劳灮火</small>【教二十一】

崇翁<small>劳灮灮</small>【高五】

智不困<small>灾生余</small>（智不孤）【用十六】

珠思<small>亥灮</small> 秃谷【梁十九】

照明<small>亥芎</small> 叒用【故十六】

道士奴<small>尺叐</small> <small>兆</small> 公叐【貴十五】

鐸衮<small>尺欠杏</small>【署六】

鐸衮<small>尺欠伏</small>【署四】

鐸魯斡<small>尺平开及丸</small>【署二十七、貴七】

里阿里<small>朩坴朩</small>【清十一】

里哈里<small>朩坴为朩</small>【二夫人七】

里阿里<small>朩为朩</small>【居四】

麗荔、阿里<small>朩屮</small>【高七、清十一】

訛魯椀<small>叐奕尺为</small>【宋四、用十七】

訛都斡<small>叐奕尺灮</small>【宋十、用十五】

末掇<small>叒帀及</small>【貴四】

麽散<small>叒及 今为</small>【韓迪三】

麽散<small>叒及 灮为</small>【高三】

那哥、馬哥<small>叒为 九芬</small>【清十四】

滿檔<small>叒买 今気</small>【教二十三】

磨魯菫·古昱 【署七】

馬福 【博四十二】

模奴 【叔三、宋三】

穆里給 【教三】

穆里格 【貴四】

穆尼茨 【慈六】

木楊家奴 【韓迪三十四】

彌勒女 【辭七】

貴安 【貴一】

古也里 【永十九】

華嚴奴 【故七】

尤者、尤哲、尤里者 【梁二、仲二】

質古子余 【高七】

章高十 【二夫人六】

知禮家 【永二十三】

只哥 【二夫人六】

洪古 【許五】

賀古 【博四】

渾不魯 【韓迪十八】

匣馬葛、轄麥哥、轄麥割 【迪七】

黑德哥 【永十八】

奧盧幹【故七、用二】

陳十保【清十四】

陳家奴【海四】

周公之（所有格）【叔二十三】

慈露德【永十四】

轄里【博四】

陳團奴【韓迪一、貴一】

陳甫【仁三十二】

陳家奴【故十八

智不困、智不孤【宋十一】

嫦娥【迪十二】

張誠願【迪二十七】

楚木古【高十】

遲女【教三】

成治（時位格）【奴二十七】

主哥【教二十三】

豬糞【教六】

確恩【奴九】

曹桂·楚哥【高四】

大延琳【署八】

太師奴【博四十六】

兀立寧·空古里 【慈七】

兀立寧·特末、兀立寧·特末里 【仲五】

菩里寧·頗得·同順 【貴五】

野里補 【仲六】

阿撒里 【智十三】

阿撒林 【永三十二】

庫古哩 【故五】

庫·普達里 【慈五】

空寧·迪烈 【韓迪一】

孔文 【署二十四】

控骨里、孔古里 【教二十二、韓迪二十】

師姑 【清十二】

師古 【二夫人十一】

查剌 【教二十九、仁先六、迪四十一】

查剌·鄒引、查剌·瑰引 【仁先五、梁十五】

查剌·鄒引、查剌·瑰引 【慈十二】

阿姆哈 【清十一、用十二】

安 【智七】

安姓奴 【清十】

安哥 【韓迪十八】

挐思 【高三、韓迪四】

阿不寧之 （所有格）【迪三十】

童子女 【奴二十一】

同哥 【教二十五】

團寧 【智六、辭二】

突里 【署六】

大夫奴 付 【二夫人十五】

大延琳 【署八】

奴哩 【永十八】

涅魯、尼里 【永十、二夫人十】

涅魯古 【仁先二十七】

涅魯袞 【貴五】

涅魯隱 【許五十一】

尼里寧・沙里 【梁三至四】

涅魯古 【智十一】

涅里袞・妊古只 【教二十】

鳥古 【貴六】

捏褐、狗 【奴二十七】

捏褐、狗 【清三十二】

巖木、涅睦古 ）【貴三】

涅睦袞、涅睦伏行欠伏【梁十五、高十一】

巖木、涅睦古伏行余【仁先二】

涅睦袞、拈母渾伏行余伏【智十二、韓迪五】

涅里袞伏平欠伏【高十一】

裏古直伏里弱【用一】

睦里寧·烏理伏木伏 夊平【慈五】

畢家女付 凡才 伏火【留二十四、韓迪十七】

丹哥佀夬 凡芳【清五、居三】

唐佀兔【故十八】

都哥门 凡芳【永十七】

董哥、東哥门火 凡芳【仁先八、二夫人十四、辭七、智十二】

佟哥、東哥门火 乂芳【仁先八】

傅散女分 仐刀 公火【辭六】

富留分 屮丙【留三、仁先八、慈十二】

富留節、佛留節分 屮丙 仐文【仁先六十二、二夫人七】

福得爾分卡乂屶【用十九】

蒲速里分卡欠夵【清十二】

蒲速·實六分卡欠屶 夭屮欠夾【梁四】

福德女分 夅丙 公火【二夫人十三】

奮勿膩分火夂香【辭一】

佛頂𤔪【梁二十三、智十四】

普古𤔪【梁三】

富哥𤔪【仲二十七】

馮家奴𤔪【高十】

富哥𤔪【高九】

範𤔪【高五】

福利𤔪【貴五】

普你·大漢𤔪（指韓德威）【高六、辭四、韓迪五】

普你·穆維𤔪【貴四】

奉國𤔪【仲六】

豐哥𤔪【博四十六】

秦𤔪【梁十七】

信陵、信寧𤔪【教二十一、永十四】

秦樂𤔪【署二十八】

晉涅𤔪【貴十三】

習撚·蘇𤔪【留二、辭一】

斜哥𤔪【永十】

斜茨𤔪【留二十四、二夫人七、清十】

斜寧·何魯不𤔪【故五、迪十】

撒剌德𤔪【智五】

撒剌的、薩剌德〔仁先三、署三〕

撒剌的寧（撒剌的）·敵魯〔仁先三〕

撒懶〔迪一、故三〕

撒懶·室魯〔室額一〕

撒懶·盧不古〔迪七〕

撒懶·阿古只、撒本·阿古只〔梁二〕

西剌〔迪十三〕

蘇哥〔永八〕

宜新、乙辛、乙信、阿信、阿僧、意辛〔署八、署十九、梁十九、智十四、清十三、奴二十一〕

乙辛隱、意信寧〔許二、奴七〕

乙辛寧·燕五〔韓迪十九〕

乙辛寧·高八〔故七〕

三匹連〔永二十〕

三司〔智七〕

三寧〔韓迪七〕

三寧·定哥〔高七〕

撒八、撒八里〔韓迪十七、韓迪十九〕

希不噢〔貴七〕

撒八、撒巴里【二夫人十四、永十九】

遵寧、遜寧【韓迪七、奴六】

遵寧・瑰理【貴十五】

遵寧・滌魯【韓迪七】

遜寧・休哥【奴六】

居士女【辭七】

謝家奴【署二十八、海四】

熙格・麗【永十四】

西哥【奴二十七】

宋【梁十七】

（人名）【用十九】

烏特幹、兀没【署二十四】

烏特幹、兀没【署一】

幹特刺、烏特蘭、烏特賴、烏獨賴【用十八、博四】

窩里朶【居五】

窩里朶【清十一】

迪里姑【智十四、貴二】

迪里衮【仁先一、智十】

得哥【清十二】

杜里【永八】

撻得里【高十一】

達得（達德）【故一、迪三十一、博五】

德古（韓知古契丹語名）【韓迪二】

圖古辭【故十七】

撻不也【永二十六、仲二、宋八、用十五】

撻不演、撻不也【智十四、清十三、用十一】

當爾【高十】

圖古辭【辭二、迪三十】

頰昱【智六】

當哥【韓迪十五】

特末妍【奴二十八】

特末里、特每、特末【清十三、辭七、用十六】

特每、特勉【教二十一】

特每·楊九（指蕭楊九）【署二十一】

敵魯、滌魯【永四、韓迪七】

敵魯寧【故一】

敵魯寧・華嚴奴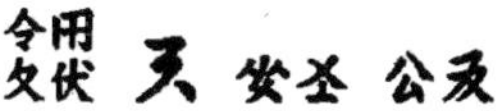【故七】

得利德【永十二】

迪烈、敵烈【韓迪一】

迪輦、敵輦、迪里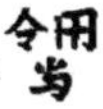【故五、慈四、高十、智六】

敵輦・訛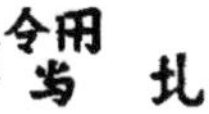【故十八】

敵輦・敵魯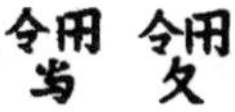【清三】

敵輦・解里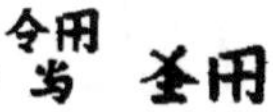【故五至六】

定光奴【仁先八】

地安【高五】

定光奴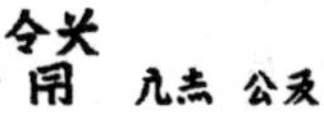【用十七】

鈿匿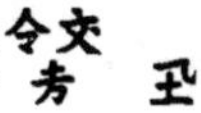【辭六】

天你（殿寧）・蕘治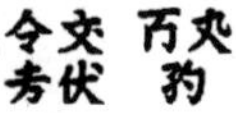【高三、韓迪三】

度突里、達骨德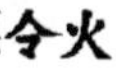【清十二、故十八】

諾里【用十八】

内懶【韓迪十九】

寧哥【迪三十】

迪里姑・胡獨古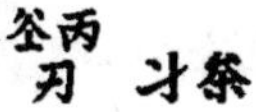【仲二十九】

特末、特末里【仲五】

特末、特勉【仲二】

里阿里 【居四】

特每·闊哥 【二夫人十五】

點茨 【博四十五】

迪烈、敵烈 【宋四】

迪輦·阿不 【仲二十八】

定光奴 【智十二】

度突里 【居七】

每格之 （所有格）【梁九】

劉四哥 【梁四】

留芳祖奴 （漢語借詞）【永九】

留家奴、劉家奴 （漢語借詞）【迪四十一】

留哥 【永六】

留寧 【博四十六】

留寧·安哥 【清六】

留寧·郭三 【高九】

留寧·郭三 【二夫人八】

六溫·高九、留溫·高九 【梁三、用十二】

婁室 【仲十六】

蘭秀 【永二十五】

老師古 【仲二十九】

老袞 【奴五】

龍虎 【梁四】

剌罕 【梁三】

魯家 【永十八】

盧不古、盧不姑、魯不古 【故五、韓迪十六】

盧不衮・孔古里 【韓迪二十】

驢糞、旅墳 【教二】

麗節 【留二十二、仁先七、慈十二】

麗節 【智十二】

李元昊 【署十】

李宜 【仁先十四】

李權之 （所有格）【清二十二】

維里 【室九、用一】

五齊 【仲二十七】

五節 【迪三十】

五斤、五根 【清十四】

魏 【宋一】

迎日 【永十三】

迎使 【清七】

宜蓀 【清十三】

堯 【智三】

堯、舜之 （所有格）【智三】

堯之 ▢▢（所有格）【道二十三】

解里 ▢【永十三】

解里、諧里寧、解里寧、諧領、海里 ▢【宋四】【梁三】【署一】

解里·桃隈 ▢ ▢【宋四、梁三】

解里 ▢【清二】

破得 ▢【韓迪十七】

可汗奴 ▢▢▢【仁先七】

可汗奴 ▢▢ ▢▢【智十一】

普得漢哩 ▢【慈五】

蒲打里、普達 ▢【仁先六十二】

北也 ▢【韓迪六】

普麗利 ▢【迪十一】

福蔚·留 ▢ ▢【慈五】

蒲古只 ▢【署四、迪四】

蒲古只 ▢【慈蓋二】

八哥 ▢【慈十二】

奮兀 ▢【貴六】

本烏尼·突里 ▢ ▢【署六】

奉節 ▢ ▢【韓迪十九】

不魯寧、浦魯寧〔高二、二夫人二〕

古昱（意爲"臣"）〔貴九、署七〕

英哥〔二夫人十〕

兀欲、骨欲〔仁先六十二〕

骨欲·迷已〔仁先六十二〕

兀里本〔永二十四〕

兀勒本〔慈二十八〕

訛里本、兀里本〔慈蓋二、慈三、智十四〕

拔里旗幟（指蕭旗幟）〔韓迪九〕

拔里寧寧（指蕭寧寧）〔韓迪十八〕

拔里胡都古（指蕭胡都古）〔韓迪十五〕

拔里胡覩堇〔用六〕

拔里尚哥（指蕭尚哥）〔奴二十六〕

博里赫〔永二十三〕

婆姑·月椀〔梁二〕

保格寧〔仁先二〕

冠睦〔貴十四〕

管寧〔清三十二、仁先六十三〕

管寧·圖固辭〔二夫人四〕

管寧〔留十二〕

阿娜野・拈母渾【高七】

潤哥【故十六】

九節【永十一】

宮寧・高王留【韓迪九】

耿氏【用二】

苟斯【智十一】

金剛奴【署十三】

高十【高十三】

高九【智十四、梁三】

高寧【留十二】

高寧・富留【仁先八、慈十二】

高奴【永十七、智十三】

高家奴【二夫人九】

國引寧【奴一、奴四】

鄃引、瑰引、國隱【仁先五、智八、梁十五、奴二十六】

貴哥【高十二、清十二】

哥慕寧【永二】

哥梅氏、葛美施【永二十】

胡覩、胡覩古、胡都姑、胡獨古【教二十二、智十三、署二十六】

胡獨菫、胡覩菫【仁先八、智十、慈二、署五十

一】

休哥、秀哥【奴六、奴二十一、慈九】

庫林【慈四】

酷【二夫人十五】

痕得（確切音譯應爲“痕得寧”或“痕鼎”）【迪
四、故四】

興哥【智十一、仁先七】

興寧・姚哥【高五至六、韓迪四】

賢聖哥【清十一】

仙丹女【教二十四】

齊世【梁三】

興哥【清六】

烏圖拉・八哥【慈十二】

烏特賴、烏獨賴【韓迪十七、韓迪十九】

只剌【梁四】

突呂不【署四】

大舜之（所有格）【道二十三】

太山【清一、居四】

巢、許【（指巢父、許由二古人）【智三】

尚家奴【貴十六】

尚哥【慈七、辭五、永二十五】

2799

阿顧里及【慈十二、辭六】

阿古只里屶【梁二】

阿古真里屶伏【署十三、辭三】

阿虢里及【高四、貴六】

阿古文哥里屶夯【智十五】

迪烈、敵烈厈【慈六】

迪烈、敵烈厈公【迪四】

勻德實火丹【仁先二】

乳奴、如奴厓火 公及【清十四、韓迪十七】

十三　親屬稱謂

婿�尺及【教二十四】

母丙【用二、慈六】

母之丙公（所有格）【韓迪十六】

女人丙 几（妻）【慈十二、梁三】

女人丙 几只夾（妻）【居三】

叔又圡（漢語借詞）【仁先二十七】

叔又习（漢語借詞）【叔一】

夫君夫艹夾【用十五】

弟丂【慈六、智十一、郎一】

叔父丂 丰【仁先二十七、慈六】

弟丂伏夾【博四十六】

仲子尺分 丹劣【慈六】

父丰【教三、用二、慈五】

男人**丰 凡**（丈夫）【用十四】

祖母**又勹 丙**【慈五】

舅父**力丰**【梁九】

舅舅**力丰**【梁十九】

姐**夬**【用十七】

内侄、外甥**扒芬**【梁二十九】

嫡妻、大妻**扒将**【署二十四】

孫**丸**【叔九】

祖父**生丰**【教三、慈五、博四】

曾祖父**生生丰**【宋四、博四】

姐**尒伏 父**【故十七】

娘子**尒火**【慈十二、智十四、署二十四、梁十九、故三】

娘子之**尒火 有**（所有格）【清十三】

嗣子**伏芳 丹勿**【署十三】

胞姐、胞妹**伏寺**【智十五、用十一】

同胞、兄弟、姐妹**伏寺伏攵**【用十四、韓迪二十一】

同胞、兄弟**伏寺伏父**【教二十五、故十七】

曾孫**亿**【叔九】

夫人**今黍伏**（漢語借詞）【慈九、梁三】

夫人之**今黍伏有**（所有格）【梁三】

妹**叔火**【故十七】

姨母、姨媽**叔火 丙公**（所有格）【故十二】

兒子、女兒、孩子舟为【教二十一、署四、梁二】

孫女舟为 丸【居二十三】

兒子、女兒、孩子們舟刃出（複數格）【教二十、署八】

孩子舟为关【署三】

孫、孫女舟为关 舟为【慈六、留九】

兄才【慈六】

伯祖父才 生 丰【永十七至十八、貴七】

伯父才 丰【教五、慈六】

兄寸幺伏太（複數格）【智十】

堂侄寸幺采 舟为【辭二十六】

表姐火关雨 夾【奴二十七】

十四　日常用語

北西一 十（按漢語語序爲“西北”）【署五十一】

北南院一 小 叐化【留十四】

於山之宮仄材 九丙太尼（時位格）【署十八】

北丞【興十】

百官弗 穴【仁二十一】

奉雨仝【道三、宣三】

卒丙【用十八】

倒塌丙火尘【故二】

旋丙夫犳【宣五】

實封 【澤二】二

女性、女兒 【梁三】

女眷、妻室 （ ） 【高九、迪三十、署二十四】

女孩子 【署二十八】

謂、説 【清二十六】

軍事 （時位格）【迪十二】

承祧 【用三】

承祧 【梁九】

承祧 【梁十九】

承祧 【高八】

承祧 【韓迪七】

承祧 【仲五】

新 【辭十二、仲二十】

露 【教三十四、許蓋】

新 【郎三】

權且 【魏六、宣五】

郎君 【署六、郎一】

郎君之 （所有格）【署七】

郎於君 （時位格）【教二十一】

郎君們、郎君班、孩兒班〔契丹字〕（複數格）【梁七】

《尚書》中曰〔契丹字〕【署三十一】

五經百家之字〔契丹字〕【奴三十五】

追封〔契丹字〕【慈五】

追封〔契丹字〕【宋十】

五帝之〔契丹字〕（複數格和所有格）【智三】

曷魯爾〔契丹字〕（意爲“黑”）【梁二十三】

誌銘〔契丹字〕【興五】

誌銘〔契丹字〕【道八】

誌〔契丹字〕【留三十二】

誌曰〔契丹字〕【教二十八】

汗〔契丹字〕【教三】

可汗之〔契丹字〕（所有格）【梁十七、署二十四】

座遷〔契丹字〕【宣五至六、宋七】

殯〔契丹字〕【仁十三、叔五】

永、久〔契丹字〕【道六、教二十五】

永福陵〔契丹字〕【道六】

歲〔契丹字〕【署十三】

無 【郎一】

夭折 【韓迪十六、居二十三】

與、和 【韓迪四】

雲 【興三、道六】

雲龍 （時位格）【興三】

字 【署五】

字 （複數格）【梁十】

字 （複數格加所有格）【梁一】

夫君、賜 【用十五、仁先二十三】

賜 【許三十二】

賜 【教十四】

文 （漢語借詞）【道一、宣一】

王子 【教十一】

王之 （所有格）【梁一】

東坡 【韓迪二十三、署三十七】

序、朔 【梁一、故二十五】

於月 （於……月）【高十六】

六院 【署一】

六部之 （所有格）【慈九】

六部之奚 【許五十二】

第六代之 【慈四】

同🗛【郎四、署十五】

同知🗛🗛【署十五】

同知🗛🗛🗛【奴十三】

左院（左宫）🗛🗛【用七】

仲子🗛🗛🗛🗛【慈六、永二十七】

枝🗛🗛【梁十九】

父親的、父房、年之🗛🗛【署二十四】

爺們🗛🗛（複數格）【高八】

男的二個🗛🗛🗛【署二十七】

男性孩子🗛🗛🗛🗛【梁三】

父房之、舍利房🗛🗛🗛【仁先三、韓迪一】

祖宗、祖先🗛🗛🗛（上輩的爺）【署三】

祖宗、祖先🗛🗛（上輩的爺）【梁二】

上面🗛🗛【高八】

可以、故🗛🗛【清二十六、居蓋一】

嫁🗛🗛🗛【清十二】

朝、墓🗛🗛（“墓”義是漢語借詞所有格）【梁十七、署一】

墓之誌銘🗛🗛🗛🗛🗛【梁一】

宮壼事🗛🗛🗛🗛🗛🗛【署二十一】

長子、第一個兒子🗛🗛🗛🗛【奴十】

長子、第一個兒子𘬁冬余 舟为【居六】

大、孟、大者𘬁及【署八】

大翁帳𘬁及 女有【教二十一】

孟父房𘬁及 半有【署二十六】

大印之字𘬁及 与有 共几（大禮之字）【署五】

昊天𘬁及 关【署三十一、奴三十四、貴二十一】

長子、大兒子𘬁及 舟为【署七】

第一個、長𘬁公夾【奴二十一】

二人之圣有【教二十、博五】

户、寫刃尜【迪一、迪四十一】

早卒、夭折力 丙【奴二十一】

國舅力圡出尜【署二十四】

國舅之力圡出尜有（所有格）【慈二】

知圧汞【署十五】

知圧叉【梁十一】

知圧小圡半【仁先九】

知圧关【教十四】

知圧尜（圧尜）【教十三】

今聖叉公 仕汞药【高十八】

像、面貌、顏叉由【郎三、仲二十四】

中的药有【故九】

降不为出【許蓋】

任職 □□【署二十五】

周禮 □□□□（憑借格）【仲四十三】

序 □□□【故一、智一】

祔 □□□□【叔五】

昔 □□【郎一】

册文 □□　□□（漢語借詞）【道一、宣一】

第二的、第二個名 □□□【教二、智五】

嫡妻、大妻 □□【署二十四】

左院（左宮）□□　□□【道二、梁七】

孝 □□□□【興二】

孝 □□□□【仲十九】

題、寫 □□【郎五、慈二十八】

戶 □□【叔二、宋二】

并 □□□【教一、梁一】

居士、局使 □□　□【居一】

三王 □　□□（複數格和所有格）【智三】

三父之橫帳 □　□□　□□【慈四】

戶、家 □□【仁先十三】

掩閉 □□□　□□□【奴三十九】

2808

掩閉□□ □□【道六、叔五】

掩閉□□ □□【奴四、韓迪二十三、博二十四】

掩閉□□ □□【清三十】

掩閉日□□ □□ □【許蓋】

掩閉□□ □□【仲十七】

掩閉之日於□□ □□ □□【博四十六】

掩閉□□ □□【梁二十二】

眷顧□□【教八】

人□【教七】

詩曰□ □□【許十三】

因□□【郎一】

於閉之事□□ □□（時位格）【署十八】

小者、少者□□【署二十七】

小□□【教六】

小翁帳□□ □□【梁一】

小翁帳□□ □□【署十三】

少父房、季父房□□ □□【教十九、韓迪二、梁三】

季父房□□ □□【迪二、辭四】

小翁帳□□ □□【清一】

麃□□□【教十六】

薨【署十三】

薨【梁十八】

陵【仁十六】

龍顏【仲二十四】

第七代之祖宗【梁二、居三】

印、禮【署十五、道六】

印牌司之郎君班【迪二、署十五】

禮也【梁二十三、道六】

以禮（憑借格）【梁十七】

部【留二十】

部之（所有格）【梁七】

穴【韓迪二十三】

聖【教六】

繼室【清十】

生【用二、博四】

生【慈五】

誕生（男姓使用）【梁五】

生（女性使用）【梁十五】

駙馬【奴二十一】

天〔父〕【教九】

天長地久〔父 仍 穴券 床〕【道三十七】

天地〔父 穴券〕【仁先三十六】

天下〔父 雨扎〕【署五】

夜〔令杏〕【仲二十六】

夜之月〔令杏 荷 艾〕【教三十四】

左〔令及〕【許三】

府衙、公署、任所、行帳〔令为 半〕【教十六、用五、叔四】

打獵、狩獵〔令仕 关〕【郎二】

病、因病（憑借格）〔令金 北 关〕【教十六、梁十一】

次〔令山 舟〕【興一】

宋國之新可汗之朝〔令火 荷 兀关 央立 又雨〕【辭十二】

青山黄泉〔令考 关 圣为 山 兀岑〕【叔二十五】

等〔令〕【教十二】

南〔令劣〕【興十】

第五代之〔令东 及北 公乐 荷〕【慈四】

曰〔令勺〕【教二十八】

厝〔令生 亏状〕【宣五】

厝〔令生 亏关〕【宋六】

第四代之〔令化 关 公乐 荷〕【慈五】

封〔令金 山 荟 丂〕【署十】

封　　【署十四】

封　　【教十一、署八】

封　　【室九】

封　　【署十七】

封　　【仁先五】

故　　【署二十三】

故　　（用於男性）【教一、用十一】

故　　（用於女性）【宋一、署七】

小者、少年　　【梁十九、奴二十一、仲五】

墓　　【永四十二】

墓誌銘　　　　【教一】

宗室　　【興七】

宗室之　　【教三】

代　　【高十三】

代之　　（所有格）【貴三】

代之　　（複數格加所有格）【故九】

秋露　　　　【教三十四】

秋獮🔣【署二十】

配偶、遺孀🔣【智十三、居二十三】

封🔣【梁六、許十一】

封🔣【辭九】

封🔣【仲八】

封🔣【仲二十一】

封🔣【博四十二】

封🔣【許六】

封🔣【許二】

死後封、追封🔣🔣【仁先五、許四十六】

崩🔣【署十八】

崩🔣（用於男性）【道五】

崩🔣（用於女性）【宣五】

事🔣【郎一、教十三】

戶🔣【仁先十三】

時🔣【郎四】

時⿰北⿱⿱（複數格）【宣二十五】

也、哉⿰⿱叔比⿱只⿱ 【教七】

也、哉⿰⿱叔比⿱只⿱ 【道三十七】

勑⿰叔亼【教二十二】

勑奉⿰叔亼 ⿱丙亼（按漢語語序爲"奉勑"）【教二十二】

於金殿⿱山⿱⿱（時位格）【留十六】

金烏山⿰刂北【宣二十九】

瓦里⿰火⿱为出（監獄）【宋九】

甘露降⿰⿱⿱ ⿱⿱ ⿱⿱出【許蓋】

同胞之⿱小⿱【教六】

再次⿱⿱业而⿱夊【梁八】

食⿱业⿱雨【仁先十三】

小名⿱业比（⿱业比）⿱⿱ 【智四、許八、居三】

別胥⿱业⿱（宰相夫人契丹語封號）【仁先六】

銘⿱⿱业夾⿱⿱亼丹⿱伏【仲四十五】

是、即⿱业灵【梁四、梁十八、宋十四】

成爲、拜⿱⿱业灵子⿱⿱本【仲二十三】

拜、成爲⿱⿱业灵子⿱比【高二十五】

成爲、拜⿱⿱业灵子丹⿱灵【仲二十】

成爲⿰◻◻【教五】

拜、除、成爲◻◻◻◻【仁先十四】

拜◻◻◻◻【博二十一】

拜◻◻◻【高十八】

拜、成爲◻◻◻【梁十】

拜、除、成爲◻◻◻【教十、仁先二十一】

成爲、拜◻◻◻◻【教十二】

成爲、拜◻◻◻◻【故五】

成爲、拜◻◻◻◻【永六】

成爲、拜◻◻◻◻【韓迪五、二十一】

碑之銘◻◻◻◻【二夫人一】

邑◻◻◻【仁先十三】

邑食一萬◻◻◻ ◻◻◻◻（按漢語語序爲“食邑一萬”）
【仁先三十五】

邑食五千户◻◻◻ ◻◻◻◻◻（按漢語語序爲“食邑
五千户”）【仁先十三】

碑、妃◻◻【室額二、室十三、梁十七】

防禦□□　□□【智十】

先□□【教六】

閏□□【智八、貴十三、叔四】

臣人□□【興三十六、道二、宣二】

撰□□【仁二十二】

撰□□【道八】

撰□□【仲七】

撰□□【慈二、道三、宣三】

撰□□【署五】

撰□□【韓迪二十六】

撰□□【署二】

撰□□【仲二十】

右□□【教二十一、用九、署署二十一】

是□□【迪四】

孩子□□（複數格）【清十】

兒子、女兒、孩子□□【教二十一、留八、梁十五】

孩子名、小名□□　□□【用二、署三】

又□□【梁七】

又曰□□　□□【署三十二】

拜、成爲□□【署十九】

拜、成爲□□【署五】

拜、成爲◻【高二十三】

拜、成爲◻【署十、署十一】

成爲、拜◻【署五】

銘曰◻【興五】

官誥◻【仁先十一】

官誥◻【教十五】

族系、家族、家◻【梁九】

族系、家族、家◻【韓迪七】

族系的、家族的◻（所有格）【用一、署二十四】

族系的、家族的◻（所有格）【奴三十五、故三】

該年◻【署八】

該◻【高十九】

者、人◻【仲四十四】

地◻【宋十四】

宮殿◻【郎二】

國◻（契丹語）【興二十八】

國之◻（所有格）【教一、郎一】

國◻（複數格）【興十】

公主◻【仲四】

玉◻【宣二十九、奴十三】

玉兔 _{几夫} 无欠 【宣二十九】

哀 _{几和夏} 【仁二、道一、宣一】

哀册文 _{几和夏} 扎乐 杰火 【道一、宣一】

哀銘 _{几和夏} 月令 【仁二】

國王 _{几火} 杰 【梁二】

國王之 _{几火} 壽 （所有格）【梁三】

兼 _{几文圣} （漢語借詞）【高一】

君子 _{几亦} 廿 （漢語借詞）【奴三十三】

功臣 _{几太} 扎雨 （漢語借詞）【梁十】

公主 _{几太} 亥火 （漢語借詞）【用十一】

公主 _{几太} 扎火 （漢語借詞）【辭六】

兄弟、橫帳 才 舌 【慈四】

兄弟之、橫帳之 才 舌火 （漢語借詞）【梁三】

兄 _{兆幺伏太} 【智十】

福 才祭 【署三十二】

無 汋 【郎二】

名、諱、號 火化 【署三、署七、梁二】

號 _{火化矢} （時位格）【慈五】

號 _{火化伞} （複數格）【教十四】

號 _{火化伞太} （複數格加憑借格）【教十二】

皆 火矢 【高五】

至⬚【郎二】

徙⬚【道六】

公主⬚ ⬚（漢語借詞）【教二十五】

先【⬚高三】

出使⬚【署十九、仲十七】

用契丹大禮⬚ ⬚ ⬚（髟借格）【梁十七】

疆場之事⬚ ⬚【教十四、郎一】

嫁⬚【仲二十九】

嫁⬚【仁先六十二、智十一、智十二、許九】

嫁⬚【教二十一、梁十九】

大、大者⬚【梁十八】

大限俄至⬚ ⬚ ⬚ ⬚【教十六】

大限俄至⬚ ⬚ ⬚ ⬚【仲二十五】

大哀呼哉⬚ ⬚ ⬚ ⬚（嗚呼哀哉）【道三十七】

大哀呼哉⬚ ⬚ ⬚ ⬚（嗚呼哀哉）【署三十一】

大王⬚ ⬚（漢語借詞）【教二、署八】

大王之⬚ ⬚ ⬚（所有格）【署七】

太廟於⬚ ⬚（時位格）【興三十二】

太夫人⬚ ⬚（漢語借詞）【許八】

翁帳女村【梁一、仲蓋一、仲五】

十五　方位

北一【梁七】
北西一　十（按漢語語序爲“西北”）【梁八】
北東一　夬（按漢語語序爲“東北”）【梁七】
西十【梁八】
東夬【道六】
南小【梁八】
南西小　十（按漢語語序爲“西南”）【道五、梁七】

十六　書名

《新禮》叉考　兮【仲二十】
於《尚書》叉兂　叉火尺（按漢語語序爲“於《尚書》中”）（時位格）【署三十一】
於《書》叉火尺（按漢語語序爲“於《書》中”，《書》指《尚書》）【奴三十四】
於《論語》屮女　炎火矢（按漢語語序爲“於《論語》中”）（時位格）【清二十五】
於《周易》忄土　丙勺矢（按漢語語序爲“於《周易》中”）（時位格）【貴二十一】
《契丹史》买关　兆【仲七】
七聖之日事　序　仕及犭公村　尺关　火（即《七朝實録》）【奴二、

【補充資料】契丹原字擬音

契丹小字是拼音文字。每個契丹小字都是一個單詞。契丹語是黏着語,單詞往往多音節。因此,每個契丹小字由一至七個不等的原字(拼音符號,最小的讀寫單位)拼成。據現有傳世的契丹小字資料統計,原字共有 409 多個。其中能够擬音的爲 216 個。現在把 216 個契丹原字的擬音列舉如下:

釆 [su]	釆 [an]	兓 [tʂau]	币 [tə]
雨 [tə/tɑ]	雨 [in]	丙 [iou]	丂 [i/jïa]
雨 [tʂhu]	乇 [mas]	乇 [mas]	乄 [ʃi]
无 [thau]	戈 [thau]	为 [tɕhi]	岙 [is/si]
禾 [is/si]	㐫 [xu]	王 [ti]	卡 [s/der]
币 [həlu]	市 [ai]	圡 [ɣɑ/ɑ]	壶 [tərə]
血 [xa]	夾 [he]	杏 [ni]	可 [pai]
並 [iaŋ]	圡 [ou]	共 [us]	六 [li]
朩 [v]	杰 [uaŋ]	方 [an]	丹 [thiel]
主 [ɣuaŋ]	扎 [e/u/ulu]	北 [an]	艾 [iue]
夾 [iuæ/tsiet]	辻 [sï]	夲 [ly]	戈 [tʂï]
朩 [ʊ]	尢 [thu]	夾 [ur]	方 [li]
亐 [tə]	丂 [tu]	芀 [tɕhïəu]	兆 [us]

亥 [tʂï]	太 [uŋ]	夳 [uei]	夯 [e]
杏 [ni]	吞 [ï]	奢 [i]	犬 [ku]
尺 [ta]	火 [ʃi]	半 [ai/ie]	本 [lu/li]
孝 [rə]	夭 [an]	王(压) [ʈu]	不 [ɤa]
及 [u]	叕 [mu]	圣 [cərə]	圣 [cərə]
刀 [uan]	刃 [ku/tsh]	爿 [ou]	力 [na]
冇 [ən]	犀 [tilie]	天 [ɤwa]	叐 [n]
马 [ʧ]	子 [ʧ]	升 [ʧa]	列 [ɤə]
犳 [tʂi]	豹 [tʂi]	丞 [ɔn]	夾 [au]
朩 [ʧh]	业 [kh/x]	勺 [ku]	包 [ɤərə]
包 [ɤərə]	为 [xəi]	欠 [ku]	久 [ta]
夂 [u]	欠 [jeli]	冬 [as]	各 [iaŋ]
剂 [liʧi]	几 [khu]	兆 [ʂï]	凩 [uŋ]
垕 [tʂha]	乃 [am]	及 [uo/o]	州 [xu]
为 [a]	九 [mu]	午 [tal]	生 [apu]
朶 [ai]	气 [aŋ]	劣 [thu]	矢 [tə]
夋 [li]	癸 [menan]	叟 [lu]	笶 [lu]
坐 [tho]	六 [ta]	久 [ta]	兮 [tor]
行 [mu]	伏 [ni]	仕 [mə]	付 [pi]
仲 [uiæ]	仂 [tha]	伇 [ji]	化 [ri]
化 [rə]	门 [tu]	今 [fu/pu]	仐 [fu/pu]
伞 [si]	伞 [u]	余 [ku]	今 [t/th]

[xu]	[thə]	[ɤou]	[n]
[u]	[as]	[t]	[mə]
[ts]	[ɤərə]	[ɤə]	[lə]
[uei]	[uei]	[ŋ]	[hɑi]
[iæm]	[puk]	[un]	[pho]
[aŋ]	[kh]	[niku]	[niku]
[pən]	[iu]	[ni]	[ph/f]
[ku]	[li]	[iŋ]	[u]
[p/pau]	[lie]	[iaŋ]	[ʃi]
[ko]	[hər]	[hər]	[en]
[iæ]	[iun]	[ɽǐ]	[nɑi]
[k/ku]	[a]	[tʂi]	[i]
[i]	[kh/x]	[li]	[thul/kut]
[uŋ]	[uŋ]	[e]	[ni]
[i]	[ï]	[s/tʂï]	[uth]
[uŋ]	[mu]	[phaŋ]	[an]
[iɑu]	[tʂi]	[khitan]	[ul]
[tərə]	[tərə]	[thulyb]	[u]
[thai/tai]	[tʂha]	[aku]	[xutuku]
[p]	[fen]	[tilie]	[tʂi]

（劉鳳翥　編撰）

附録四

蕃漢對照遼史年表

　　本表共有六欄：一、帝王姓名；二、廟號；三、年號；四、年數；五、公元；六、干支。每一詞語凡能譯成契丹文字則譯成契丹字。不能譯成契丹字者則暫付闕如。契丹語用五種顏色表示十個天干。即用青色表示甲和乙，用紅色表示丙和丁，用黃色表示戊和己，用白色表示庚和辛，用黑色表示壬和癸。用十二生肖表示地支。

帝王姓名	廟號	年號	年數	公元	甲子
耶律阿保機	太祖		一年	907	丁卯
			二年	908	戊辰
			三年	909	己巳
			四年	910	庚午
			五年	911	辛未
			六年	912	壬申

（續表）

帝王姓名	廟號	年號	年數	公元	甲子
			七年	913	癸酉
			八年	914	甲戌
			九年	915	乙亥
			十年	916	丙子
	神册		元年	916	丙子
			二年	917	丁丑
			三年	918	戊寅
			四年	919	己卯
			五年	920	庚辰
			六年	921	辛巳
		天贊	元年	922	壬午
			二年	923	癸未
			三年	924	甲申
			四年	925	乙酉

帝王姓名	廟號	年號	年數	公元	甲子
		天顯	元年	926	丙戌
耶律德光	太宗	天顯	二年	927	丁亥
			三年	928	戊子
			四年	929	己丑
			五年	930	庚寅
			六年	931	辛卯
			七年	932	壬辰
			八年	933	癸巳
			九年	934	甲午
			十年	935	乙未
			十一年	936	丙申
			十二年	937	丁酉
			十三年	938	戊戌

帝王姓名	廟號	年號	年數	公元	甲子
		會同	元年	938	戊戌
			二年	939	己亥
			三年	940	庚子
			四年	941	辛丑
			五年	942	壬寅
			六年	943	癸卯
			七年	944	甲辰
			八年	945	乙巳
			九年	946	丙午
			十年	947	丁未
		大同	元年	947	丁未
耶律兀欲	世宗	天禄	元年	947	丁未
			二年	948	戊申

帝王姓名	廟號	年號	年數	公元	甲子
			三年包牛	949	己酉山 令为 为
			四年毛牛	950	庚戌乐伏为
			五年毛牛	951	辛亥乐火
耶律述律 半伞凿	穆宗	應曆	元年 九灾牛	951	辛亥乐火
			二年坙牛	952	壬子 血火 火引
			三年包牛	953	癸丑 血火 杏
			四年毛牛	954	甲寅 令号 应立 余 癸
			五年毛牛	955	乙卯 令号 毛伇 余 为
			六年灰牛	956	丙辰 伙号 余 炗
			七年犀牛	957	丁巳 伙号 住扎 余 及
			八年亞牛	958	戊午山 又化
			九年乔牛	959	己未山 圣为
			十年乇牛	960	庚申乐 业及

帝王姓名	廟號	年號	年數	公元	甲子
			十一年	961	辛酉
			十二年	962	壬戌
			十三年	963	癸亥
			十四年	964	甲子
			十五年	965	乙丑
			十六年	966	丙寅
			十七年	967	丁卯
			十八年	968	戊辰
			十九年	969	己巳
耶律賢	景宗	保寧	元年	969	己巳
			二年	970	庚午
			三年	971	辛未
			四年	972	壬申

帝王姓名	廟號	年號	年數	公元	甲子
			五年	973	癸酉
			六年	974	甲戌
			七年	975	乙亥
			八年	976	丙子
			九年	977	丁丑
			十年	978	戊寅
			十一年	979	己卯
		乾亨	元年	979	己卯
			二年	980	庚辰
			三年	981	辛巳
			四年	982	壬午
			五年	983	癸未
耶律隆緒	聖宗	統和	元年	983	癸未
			二年	984	甲申

帝王姓名	廟號	年號	年數	公元	甲子
			三年	985	乙酉
			四年	986	丙戌
			五年	987	丁亥
			六年	988	戊子
			七年	989	己丑
			八年	990	庚寅
			九年	991	辛卯
			十年	992	壬辰
			十一年	993	癸巳
			十二年	994	甲午
			十三年	995	乙未
			十四年	996	丙申
			十五年	997	丁酉
			十六年	998	戊戌

（續表）

帝王姓名	廟號	年號	年數	公元	甲子
			十七年	999	己亥
			十八年	1000	庚子
			十九年	1001	辛丑
			二十年	1002	壬寅
			廿一年	1003	癸卯
			廿二年	1004	甲辰
			廿三年	1005	乙巳
			廿四年	1006	丙午
			廿五年	1007	丁未
			廿六年	1008	戊申
			廿七年	1009	己酉
			廿八年	1010	庚戌
			廿九年	1011	辛亥
			三十年	1012	壬子

帝王姓名	廟號	年號	年數	公元	甲子
		開泰	元年	1012	壬子
			二年	1013	癸丑
			三年	1014	甲寅
			四年	1015	乙卯
			五年	1016	丙辰
			六年	1017	丁巳
			七年	1018	戊午
			八年	1019	己未
			九年	1020	庚申
			十年	1021	辛酉
		太平	元年	1021	辛酉
			二年	1022	壬戌
			三年	1023	癸亥

帝王姓名	廟號	年號	年數	公元	甲子
			四年	1024	甲子
			五年	1025	乙丑
			六年	1026	丙寅
			七年	1027	丁卯
			八年	1028	戊辰
			九年	1029	己巳
			十年	1030	庚午
			十一年	1031	辛未
耶律宗真	興宗	景福	元年	1031	辛未
		重熙	元年	1032	壬申
			二年	1033	癸酉
			三年	1034	甲戌
			四年	1035	乙亥

今注本
二十四史

遼史

帝王姓名	廟號	年號	年數	公元	甲子
			五年**乇乆**	1036	丙子 ψ号余 火刂
			六年**亥乆**	1037	丁丑 ψ号余 杏
			七年**屏乆**	1038	戊寅 山 坐坓癸
			八年**坙乆**	1039	己卯 山 乇乑ㄅ
			九年**乑乆**	1040	庚辰 乑 癶
			十年**乚乆**	1041	辛巳 乑 佳扎反
			十一年 **乚乇乆**	1042	壬午 虫火 又化
			十二年 **乚坙乆**	1043	癸未 虫火 圶ㄅ
			十三年 **乚包乆**	1044	甲申 令号余 业反
			十四年 **乚乚乆**	1045	乙酉 令号余 令ㄅㄅ
			十五年 **乚乇乆**	1046	丙戌 ψ号余 伏ㄅ
			十六年 **乚亥乆**	1047	丁亥 ψ号余 火
			十七年 **乚屏乆**	1048	戊子 山 火刂
			十八年 **乚坙乆**	1049	己丑 山 杏

2836

帝王姓名	廟號	年號	年數	公元	甲子
			十九年 乇禿芊	1050	庚寅 釆 业坐冬
			二十年 丁芊	1051	辛卯 釆 乇氒为
			廿一年 丁乇芊	1052	壬辰 曲灺笁
			廿二年 丁圣芊	1053	癸巳 曲灺 仕扎辰
			廿三年 丁包芊	1054	甲午 仐芍余 又化
			廿四年 丁乇芊	1055	乙未 仐芍余 圣为
耶律洪基 尺灭仐业	道宗	清寧 父冬朮	元年 尢灭芊	1055	乙未 仐芍余 圣为
			二年圣芊	1056	丙申 屮芍余 业辰
			三年包芊	1057	丁酉 屮芍余 仐为为
			四年乇芊	1058	戊戌 山 伏为
			五年乇芊	1059	己亥 釆 灺剡
			六年亣芊	1060	庚子 釆 灺剡
			七年屛芊	1061	辛丑 釆 杏
			八年巫芊	1062	壬寅 曲灺 业坐冬

今注本二十四史　遼史

帝王姓名	廟號	年號	年數	公元	甲子
			九年	1063	癸卯
			十年	1064	甲辰
		咸雍	元年	1065	乙巳
			二年	1066	丙午
			三年	1067	丁未
			四年	1068	戊申
			五年	1069	己酉
			六年	1070	庚戌
			七年	1071	辛亥
			八年	1072	壬子
			九年	1073	癸丑
			十年	1074	甲寅
		大康	元年	1075	乙卯

帝王姓名	廟號	年號	年數	公元	甲子
			二年 圣 丰	1076	丙辰
			三年 包 丰	1077	丁巳
			四年 屯 丰	1078	戊午
			五年 玍 丰	1079	己未
			六年 灰 丰	1080	庚申
			七年 屛 丰	1081	辛酉
			八年 亚 丰	1082	壬戌
			九年 禾 丰	1083	癸亥
			十年 乇 丰	1084	甲子
		大安 又	元年 光灾 丰	1085	乙丑
			二年 圣 丰	1086	丙寅
			三年 包 丰	1087	丁卯
			四年 屯 丰	1088	戊辰

帝王姓名	廟號	年號	年數	公元	甲子
			五年	1089	己巳
			六年	1090	庚午
			七年	1091	辛未
			八年	1092	壬申
			九年	1093	癸酉
			十年	1094	甲戌
		壽昌 又	元年	1095	乙亥
			二年	1096	丙子
			三年	1097	丁丑
			四年	1098	戊寅
			五年	1099	己卯
			六年	1100	庚辰
			七年	1101	辛巳

帝王姓名	廟號	年號	年數	公元	甲子
耶律延禧	天祚帝	乾統	元年	1101	辛巳
			二年	1102	壬午
			三年	1103	癸未
			四年	1104	甲申
			五年	1105	乙酉
			六年	1106	丙戌
			七年	1107	丁亥
			八年	1108	戊子
			九年	1109	己丑
			十年	1110	庚寅
		天慶	元年	1111	辛卯
			二年	1112	壬辰
			三年	1113	癸巳

今注本二十四史

遼史

帝王姓名	廟號	年號	年數	公元	甲子
			四年	1114	甲午
			五年	1115	乙未
			六年	1116	丙申
			七年	1117	丁酉
			八年	1118	戊戌
			九年	1119	己亥
			十年	1120	庚子
		保大	元年	1121	辛丑
			二年	1122	壬寅
			三年	1123	癸卯
			四年	1124	甲辰
			五年	1125	乙巳

（劉鳳翥　編撰）

附録五

中華本《遼史》點校存疑舉要

　　近讀中華書局《遼史》點校本，存疑不少，《禮志》《列傳》等處問題尤多。現僅就其中存在的句讀之誤、標點不當以及校勘記存疑等問題，舉要如下。本文舉例僅限與文義不合的標點，特別是斷句不當以及因句號、逗號錯用而致文義成疑者，其他如逗號非必要地過多使用、分号使用不當但尚能正解其義，則概不入例（按：以下"點校本"指中華書局《遼史》1974 年版，"修訂本"指中華書局《遼史》2016 年版）。

一　中華本《遼史・禮志》點校存疑舉要

【例 1】卷四九《禮志・吉儀・柴册儀》

　　壇之制，厚積薪，以木爲三級壇，置其上。席百尺氈，龍文方茵。（點校本第 2 册頁 836、修訂本第 3 册頁 930）

　　該卷校勘記〔二〕云："壇之制至龍文方茵　按《燕北録》："柴籠之制，高三十二尺，用帶皮榆柴疊成，上安黑漆木壇三層，壇安御帳。"（頁838）按：校記引文與正文標點不一致，依正文，應是"上安黑漆木壇三層壇，安御帳"。所謂"三層壇"即正文中"三級壇"，並非壇有三層，而是壇有三級臺階。《漢書·高帝紀》："漢王齋戒設壇場，拜（韓）信爲大將軍。"師古曰："築土而高曰壇，除地爲場。"壇是平臺，其本身不可能是三層。《孔子家語·相魯》："定公與齊侯會于夾谷，孔子攝相事……至會所爲壇位，土階三等，以遇禮相見。"契丹柴册儀不是築土爲高以爲壇，而是以木柴築壇，"以木爲三級"仍相當於"土階三等"，即三級臺階之上置壇。壇上鋪百尺氈，再上是龍文方茵。"翼日，皇帝出册殿，護衛太保扶翼升壇。奉七廟神主置龍文方茵。"依漢禮，"神主"就是供奉的牌位，王易《燕北録》説是小木人（見《遼史拾遺·禮志一》）。總之，道宗皇帝與七廟神主都在同一龍文方茵之上，亦即同在柴册壇的同一平臺之上。壇雖有三級臺階，其本身祇有一層。故標點應是：

壇之制，厚積薪，以木爲三級，壇置其上，席百尺氈，龍文方茵。

【例2】同卷《禮志·吉儀·拜日儀》

皇帝升露臺，設褥，向日再拜，上香。門使通，閤使或副、應拜臣僚殿左右階陪位，再拜。（點校本第2册頁836、修訂本第3册頁930）

拜日是塞北故有習俗。遼的其他禮儀中也拜日，如《遼史》卷五三《禮志·皇后生辰儀》記載"臣僚昧爽朝。皇帝、皇后大帳前拜日，契丹、漢人臣僚陪拜”。在露臺拜日，應是在冬、夏捺鉢中東向的宮殿舉行的儀式。露臺是宮殿建築的一部分。明代周祈《名義考》卷三《堂室》引《爾雅》：“古者爲室，自半以前虛之，謂之堂；半以後實之，謂之室。”所謂“半以前虛之”，也就是屋室前與之相接的露臺。拜日作爲盛大的禮儀，有衆臣僚陪同參拜，要有司儀主持。“門使”即閤門使；“閣使”當是指乾文閣的官員。《遼史》卷二二《道宗本紀二》清寧十年（1064）十一月“丁丑詔求乾文閣所闕經籍，命儒臣校讐”，乾文閣有學士，有待制，“閣使”的地位當更低。“門使”和“閣使”都不屬於“應拜臣僚”，也不在“左、右階陪位”，他們祇是充當司儀。皇帝在露臺上拜日，門使用契丹語通報，閣使或其副使也要用漢語宣告：應該參與拜日的臣僚在露臺左、右階下陪位拜。這一段的標點應是：

皇帝升露臺，設褥，向日再拜，上香。門使通，閣使或副：“應拜臣僚殿左、右階陪位，再拜。”

【例3】同卷《禮志·吉儀·謁廟儀》

合班定，皇帝升露臺褥位。宣徽贊皇帝再拜，殿上下臣僚陪位皆再拜。上香畢，退，復位，再拜。分引臣僚左右上殿位立，進御容酒依常禮。若即退，再拜。（點校本第2冊頁837、修訂本第3冊頁931）

傳統禮節，來時見面要行禮，分別時要再行禮，這是“常禮”，上至統治者，下至平民百姓概莫能外。這裏是講：進酒之後，若立即引退，則要“依常禮再拜”。

故標點應是：

合班定，皇帝升露臺褥位。宣徽贊，"皇帝再拜"。殿上、下臣僚陪位皆再拜。上香畢，退，復位，再拜。分引臣僚左、右上殿位立，進御容酒。依常禮：若即退，再拜。

【例4】 同卷《禮志·吉儀·孟冬朔拜陵儀》

閤門使贊皇帝、皇后詣位四拜訖，巫贊祝燔胙及時服，酹酒薦牲。大臣，命婦以次燔胙，四拜。（點校本第 2 冊頁 837、修訂本第 3 冊頁 931）

同卷《柴册儀》："北、南府宰相率羣臣圜立，各舉氈邊贊祝訖，樞密使奉玉寶、玉册入。"巫贊祝，也就是巫說一堆贊祝的套話，然後焚燒胙肉和時服，再酹酒、薦牲，這些事不一定是由巫來做。故標點應是：

閤門使贊，"皇帝、皇后詣位，四拜"訖。巫贊祝，燔胙及時服，酹酒、薦牲。大臣、命婦以次燔胙，四拜。

【例5】 卷五〇《禮志·凶儀·宋使祭奠弔慰儀》

次宣賜使副并從人，祭奠使副別賜讀祭文例物。（點校本第 2 冊頁 842、修訂本第 3 冊頁 936）

這段文字的意思是：其次宣布賞賜弔慰大使、副使以及隨從人等，還有祭奠使和副使。另外對讀祭文者也依例賜物。讀祭文者祇能由遼朝廷依例賞賜，如依以上標點，則變成了"祭奠使副別賜讀祭文例物"。故標點應是：

次宣賜使副并從人，祭奠使副。別賜讀祭文例物。

【例6】 同卷《禮志·凶儀·宋使進遺留禮物儀》

契丹通，漢人贊，殿上臣僚皆拜，稱"萬歲"。贊各就坐，行酒殽、茶膳、饅頭畢，從人出水飯畢，臣僚皆起。契丹通，漢人贊，皆再拜，稱"萬歲"。各祗候。（點校本第2冊頁844、修訂本第3冊頁938）

遼的臣僚既有契丹人，也有漢人，語言不通。"漢人贊"是司儀用漢語唱："殿上臣僚皆拜。"同時用契丹語翻譯一遍，即"契丹通"。隨從人員無資格享用殿上的國宴，故出去飲水、吃飯。從前遼寧農家盛夏時節將煮熟的高粱米飯過水，稱爲"水飯"。但這裏並不能理解爲這種"水飯"，而是飲水、吃飯。這一段的標點應是：

契丹通、漢人贊："殿上臣僚皆拜！"稱"萬歲"。贊"各就坐"。行酒、殽、茶、膳、饅頭畢，從人出，水、飯畢，臣僚皆起。契丹通、漢人贊"皆再拜"，稱"萬歲"。各祗候。

【例7】 卷五一《禮志·賓儀·常朝起居儀》

豎班諸司并供奉官，於東西道外相向立定。當直閣使副贊放起居，再拜，各祗候。（點校本第2冊頁846、修訂本第3冊頁942）

司儀贊唱（宣告）接下去應該如何行禮如儀，因此，下面應當加引號，但中華點校本《遼史·禮志》類似情況下都未加。這一段的標點應是：

豎班諸司并供奉官於東西道外相向立定。當直閣使、副贊"放起居，再拜，各祗候"。

【例8】同卷《禮志·賓儀·常朝起居儀》於此儀末附注云

燕京嘉寧殿，西京同文殿。朝服，幞頭、袍笏；公服，紫衫、帽。（點校本第2冊頁846、修訂本第3冊頁942）

遼朝皇帝有時在燕京和西京上朝，當地的京官絕大多數是漢人，這條注文是規定這些漢官上殿參加起居儀時，應當著"朝服"，其下不應用句號。標點應是：

燕京嘉寧殿、西京同文殿朝服：幞頭、袍笏；公服：紫衫、帽。

【例9】同卷《禮志·賓儀·宋使見皇帝儀》

閣使北階下殿，受書匣，使人捧書匣者跪，閣使搢笏立，受於北階。上殿，欄內鞠躬，奏"封全"訖，授樞密開封。（點校本第2冊頁850）

閣使北階下殿，受書匣，使人捧書匣者跪，閣使搢笏立，受。於北階上殿，欄內鞠躬，奏"封全"訖，授樞密开封。（修訂本第3冊頁946）

閣使下殿是向宋使接受書匣，宋使手捧書匣跪地，閣使代表皇帝接受，故立受。二人是就地交接，閣使不可能再回到北階上接受，而是接受書匣後於北階上殿。因此標點應是：

閣使北階下殿，受書匣。使人捧書匣者跪，閣使搢笏，立受。於北階上殿，欄內鞠躬，奏"封全"訖，授樞密開封。

【例10】同卷《禮志·賓儀·賀生辰正旦宋使朝辭

太后儀》

皇太后升殿坐，殿前契丹文武起居、上殿畢。（點校本第 2 冊頁 852、修訂本第 3 冊頁 948）

“殿前”是指殿前班。同卷“曲宴宋使儀”言“皇帝升殿，殿前、教坊、契丹文武班，皆如初見之儀”。“殿前班”是皇帝的警衛——近衛軍。宋人王應麟《玉海》卷一四五《兵制》：“五代承唐，衛兵雖衆未嘗訓練，太祖首議教閱，或召近臣觀陣伍，幸殿前班。馬射所過池苑，多令衛士射雕、截柳，其後常加訓習弓力。”皇帝上朝，衛士在殿上依班位侍立，待命。他們不屬於契丹文、武班。故標點應是：

皇太后升殿坐，殿前、契丹文武起居、上殿畢。

【例 11】同卷《禮志·賓儀·賀生辰正旦宋使朝辭太后儀》

引使副六人於欄內拜跪，受書匣畢，直起立，揖少前，鞠躬，受傳答語訖，退。（點校本第 2 冊頁 853、修訂本第 3 冊頁 949）

這一節是説宋使拜太后完畢之後，不起身，而跪着接受遼朝致宋朝皇帝的書匣。“跪受書匣畢，直起立”，至此告一段落，應有句號。“揖少前”是司儀作揖示意宋使少向前接近太后，然後鞠躬，聆聽太后讓他們向宋朝皇帝轉達的話語。標點應是：

引使副六人於欄內拜，跪受書匣畢，直起立。揖“少前”，鞠躬，受傳答語訖，退。

【例 12】同卷《禮志·賓儀·賀生辰正旦宋使朝辭

皇帝儀》

揖大使三人少前，俛伏跪，揞笏，閤門使授別録賜物。過畢，俛起，復位立。揖副使三人受賜，亦如之。（點校本第 2 冊頁 853、修訂本第 3 冊頁 949）

"別録"即目録或曰清單。這句話的意思是閤門使將賜物的清單交給宋使，然後"賜物"在朝廷上展示一遍。因此，標點應是：

揖"大使三人少前"，俛伏跪，揞笏。閤門使授別録。賜物過畢，俛起，復位立；揖"副使三人受賜"，亦如之。

【例13】同卷《禮志·賓儀·賀生辰正旦宋使朝辭皇帝儀》

揖生辰、正旦大使二人少前，齊跪，受書畢，起立，揖磬折受起居畢，退。引北階下殿，丹墀內並鞠躬。（點校本第 2 冊頁 853、修訂本第 3 冊頁 950）

"磬折"，言站立姿勢，《曲禮》曰："因以磬折曰肅立，因以垂佩曰卑立。立容也。"① "揖磬折受起居"，如不點斷，則祇能理解爲宋使肅立接受"起居"。"起居"，不論是"常朝起居"，還是"大朝起居"，都是臣下問候皇帝的禮儀。有皇帝在殿上，宋使怎能"受起居"呢？司儀揖——告訴宋使："暫且肅立，待皇帝接受起居後再告退。"這一段的標點應是：

揖生辰、正旦大使二人："少前，齊跪，受書畢，

---

① 見朱熹《儀禮經傳通解》卷一一。

起立。"揖："磬折。受起居畢，退。"引北階下殿，丹
墀内並鞠躬。

【例14】同卷《禮志·賓儀·高麗使入見儀》

肴膳不贊，起，再拜，稱"萬歲"。引下殿，舞蹈，
五拜。贊"各祗候"。引出，於幕次内，別差使臣伴宴
（按，修訂本作"於幕次内別差使臣伴宴"）。起，宣
賜衣物訖，遙謝，五拜畢，歸館。（點校本第2册頁
854、修訂本第3册頁950）

肴膳祇有兩味，故很快吃罷，然後舍人不贊唱
"起，再拜，稱'萬歲'"。而是直接引使節下殿，在
殿内舞蹈，五拜。舍人贊"各祗候"。引出。在幕次内，
另差使臣伴高麗使赴宴。宴罷起立，宣布賜使節衣物，
然後高麗使就在幕次内遙謝，向皇帝五拜完畢，歸館。
禮儀進行中，司儀"贊"與"不贊"，都與禮拜動作有
關聯。如《五禮通考》卷一三五《嘉禮·朝禮》引
《明會典》神宗十二年"又令条將見朝，在京營者照京
官儀不贊跪，在外者照外官儀贊跪，失儀俱面糾"。同
樣，"高麗使入見儀"中"不贊"是指肴膳後免除的一
系列禮節，直接引高麗使下殿。故標點應是：

肴膳不贊"起，再拜，稱'萬歲'"。引下殿，舞
蹈，五拜。贊"各祗候"。引出，於幕次内，別差使臣
伴宴。起，宣賜衣物訖，遙謝，五拜畢，歸館。

【例15】同卷《禮志·賓儀·曲宴高麗使儀》

大臣進酒，契丹舍人通，漢人閤使贊，上殿臣僚皆拜。
贊各祗候，進酒。大臣復位立，贊應坐臣僚拜，贊各就坐

行酒。（點校本第 2 冊頁 855、修訂本第 3 冊頁 951）

大臣一人起身上殿向皇帝進酒，當"上殿臣僚皆拜"以後，各自恭候，此時進酒大臣復歸原位肅立，與應坐臣僚一起拜過之後，就坐。故標點就是：

大臣進酒，契丹舍人通，漢人閤使贊："上殿臣僚皆拜。"贊"各祗候"，進酒大臣復位立，贊"應坐臣僚拜"，贊"各就坐"。行酒。

【例 16】卷五二《禮志·嘉儀·皇帝受册儀》

前期一日，尚舍奉御設幄於正殿北墉下，南面設御坐。（點校本第 2 冊頁 857、修訂本第 3 冊頁 953）

"尚舍奉御"是唐官，其職"掌殿庭張設，供其湯沐而潔其灑掃。直長爲之貳，凡大駕行幸，預設三部帳幕"。① "幄"即尚舍奉御爲皇帝設的帳幕，不能設在殿内，卷五〇《禮志·凶儀·上謚册儀》"先一日，於菆塗殿西廊設御幄并臣僚幕次"。如果是設在殿外北墻下，皇帝進出"幄"就得走正殿的東、西兩洞門。因此帳幕祇能搭在殿前面廊下，以便於皇帝從正門出入。"御坐"則設在正殿北墻下的南面，因此是南向的。皇帝的坐位總是南向的，絕不能面北坐。因此標點應是：

前期一日，尚舍奉御設幄，於正殿北墉下南面設御坐。

【例 17】同卷《禮志·嘉儀·皇帝受册儀》

皇帝御輦至宣德門。宣徽使押内諸司班起居，引皇

① 《唐六典·殿中省卷十一·尚舍局》。

帝至閣，服衮冕。侍中東階下，解劍履，上殿，版奏外辦（按，修訂本作"侍中東階下解劍履，上殿，版奏'外辦'"）。太常博士引太常卿，太常卿引帝。內諸司出。協律郎舉麾，太樂令令撞黃鍾之鍾，左五鍾皆應，工人鼓柷，樂作；皇帝即御坐，宣徽使贊扇合，樂止；贊簾捲，扇開。（點校本第 2 冊頁 858、修訂本第 3 冊頁 954）

皇帝至宣德門，然後宣徽使引皇帝至閣，服衮冕，準備在閣——便殿內升御座，接受册禮。"太常博士引太常卿，太常卿引皇帝。"這句話不完整。據《通典》卷一二二《臨軒行事》："皇帝出自西房。太常博士引太常卿、太常卿引皇帝即御座，南向立。樂止（太常卿與博士退，立於皇帝之左）。"《遼史·禮志》編者從《通典》中抄出這段不完整的話，漏掉了引皇帝"即御座，南向立"。這一省略，使下面文字均費解。因爲皇帝在御座前南向站立，然後內諸司出現在殿庭上，協律郎舉麾，太樂令下令撞黃鍾之鍾，當音樂再奏響時，皇帝即御坐。宣徽使贊"扇合"，樂止；贊"簾捲"，因此，補足缺字之後應是：

皇帝御輦至宣德門，宣徽使押內諸司班起居，引皇帝至閣，服衮冕。侍中東階下解劍履，上殿，版奏"外辦"。太常博士引太常卿，太常卿引帝［即御座，南向立］。內諸司出。協律郎舉麾，太樂令令撞黃鍾之鍾，左五鍾皆應，工人鼓柷，樂作；皇帝即御坐，宣徽使贊"扇合"，樂止；贊"簾捲"，扇開。

【例 18】 同卷《禮志·嘉儀·皇帝受册儀》

通事舍人引押册官押册自西階下，至丹墀，當殿置香案册案。（點校本第 2 册頁 858、修訂本第 3 册頁 954）

"香案"供典禮上香用，與"册案"分置。《元史》卷六七《禮樂志·群臣上皇帝尊號禮成受朝賀儀》："侍儀司設册案于香案南，寶案又于其南。禮儀使位于前，册使、册副位于廷中，北面。"遼代也是如此。例18標點應是：

通事舍人引押册官押册自西階下，至丹墀，當殿置香案、册案。

【例 19】 同卷《禮志·嘉儀·册皇太后儀》

册入，侍從班入，門外金吾列仗，文、武分班。侍中解劍，奏"中嚴"。宣徽使請木契、唤仗皆如之。（點校本第 2 册頁 859）

册入，侍徒班入，門外金吾列仗，文武分班。侍中解劍，奏"中嚴"。宣徽使請木契、唤仗。皆如之。（修訂本第 3 册頁 956）

"木契"即木製的符信或憑證。《舊唐書》卷四三《職官志》云："木契所以重鎮守、慎出納。"歷代皆用之。"契分雌、雄，各執其一，合而後放行"。① "宣徽使請木契唤仗"，謂請求頒給木契，以便召儀仗上殿。

---

① 清代顧炎武《日知録》卷三二《雌雄牝牡》云："符契亦可稱雌雄。《隋書·高祖紀》：頒木魚符于總管、刺史，雌一、雄一。《唐六典》：太府寺置木契九十五隻，雄付少府將作監，雌留太府寺是也。"

"皆如之"是説"門外金吾列仗"以下諸事，直至"木
契唤仗"都與皇帝受册之儀相同。這一段的標點應是：

　　册入，侍從班入。門外金吾列仗、文武分班、侍中
解劍奏"中嚴"、宣徽使請木契唤仗皆如之。

【例20】同卷《禮志·嘉儀·册皇太后儀》

　　宣徽使押内諸司供奉官天橋班候。皇太后御紫宸
殿，乘平頭輦，童子、女童隊樂引。至金鑾門，閤使
奏……（點校本第2册頁860、修訂本第3册頁956）

　　此處句讀停頓、標點皆有誤。標點應是：

　　宣徽使押内諸司供奉官天橋班，候皇太后御紫宸
殿，乘平頭輦，童子、女童隊樂引至金鑾門。閤使
奏……

【例21】同卷《禮志·嘉儀·册皇太后儀》

　　宣徽使贊皇帝再拜，稱"萬歲"，群臣陪位，揖。
翰林學士四人、大將軍四人舁册。皇帝捧册行，三舉
武，授册……（點校本第2册頁860、修訂本第3册頁
956）

　　"群臣陪位"後省略"皆再拜"三字。皇帝拜皇太
后、稱萬歲時，群臣也都陪拜，不能衹是作揖。"揖"
是舍人作揖示意翰林學士和大將軍"舁册"。"三舉武"
如何舉法，令人費解。愚以爲或許應是皇帝捧册行進過
程中三次上舉，"武授册"即大將軍將册授予皇帝。因
此標點應是：

　　宣徽使贊"皇帝再拜"，稱"萬歲"，群臣陪位。
揖：翰林學士四人、大將軍四人舁册。皇帝捧册行，三

舉，武授册……

【例22】同卷《禮志·嘉儀·册皇太子儀》

守宮設皇太子次于朝堂北，西向；乘黃令陳金輅朝堂門外，西向；皇太子儀仗、筇簫、鼓吹等陳宣慶門外；典儀設皇太子板位于殿横街南，近東北向；設文武官五品以上位于樂縣東西；餘官如常儀。至日，門下侍郎奉册，中書侍郎奉寶綬，各置于案。令史二人絳服，對舉案立。寶案在横街北西向，册案在北。（點校本第2册頁862、修訂本第3册頁958）

據本書卷一八《興宗本紀一》，"太平元年册爲皇太子"。當時遼中期以後的禮儀性都城"中京"早已建成，册封宗真爲皇太子的典禮正是在中京宣慶殿舉行的。卷三九《地理志三·中京道》載，中京"郛郭、宮掖、樓閣、府庫、市肆、廊廡，擬神都之制"。這是一座模仿唐東都洛陽興建的漢式都城，不同於上京，宮殿都是南向的。殿横街北是宮殿，皇太子板位設在横街南，① 近東，而不是正對着宮殿的正面，即不是正對着皇帝的御座；"北向"，因爲宮殿在横街北。標點應是：

守宮設皇太子次於朝堂北，西向；乘黃令陳金輅朝堂門外，西向；皇太子儀仗、筇簫、鼓吹等陳宣慶門

---

① 所謂"板位"，就是典禮開始前，準備進入殿廷受册列隊的位置。《元史》卷六七《禮樂志》："侍儀司設板位，太尉、册使副位于大明殿廷，太尉位居中，册官位于右，寶官位于左，禮儀使位于前，主節官位于太尉之左。太子殿廷亦如之，樂位布置亦如之。"（點校本第6册頁1676）

外；典儀設皇太子板位於殿橫街南，近東，北向；設文武官五品以上位於樂縣東、西；餘官如常儀。至日，門下侍郎奉册，中書侍郎奉寶綬，各置於案。令史二人絳服，對舉案立。寶案在橫街北，西向，册案在北。

【例23】 同卷《禮志·嘉儀·册王妃公主儀》

若册禮同日，先上皇太后册寶，次臨軒同制，遣使册皇后、諸王妃主，次册皇太子。（點校本第 2 册頁 863、修訂本第 3 册頁 959）

若册禮在同一天舉行，先上皇太后册寶，然後皇帝頒同一制命，册皇后、諸王、皇妃以及公主，再次頒制册立皇太子。故標點應是：

若册禮同日，先上皇太后册寶，次臨軒同制，遣使册皇后、諸王妃、主，次册皇太子。

【例24】 同卷《禮志·嘉儀·皇帝納后之儀》

乃詣神主室三拜，南北向各一拜，酹酒。向謁者一拜。起居訖，再拜。（點校本第 2 册頁 863、修訂本第 3 册頁 960）

"三拜"是指南、北方向各一拜，謁者一拜。"起居訖，再拜"是指謁者向皇后拜。故標點應是：

乃詣神主室三拜：南、北向各一拜；酹酒，向謁者一拜；起居訖，再拜。

【例25】 同卷《禮志·嘉儀·皇帝納后之儀》

宴后族及群臣，皇族、后族偶飲如初，百戲、角觝、戲馬較勝以爲樂。（點校本第 2 册頁 864、修訂本第 3 册頁 960）

角觝戲類似今日的摔跤，宋人稱之爲"相撲"。《舊五代史》卷一二四《唐景思傳》："唐景思，秦州人也，幼以屠狗爲業，善角觝戲。""馬較勝"即賽馬以爭勝負。故標點應是：

宴后族及群臣，皇族、后族偶飲如初，百戲、角觝戲、馬較勝以爲樂。

【例26】同卷《禮志·嘉儀·公主下嫁儀》

賜公主青幰車二，螭頭、蓋部皆飾以銀，駕馳。（點校本第 2 冊頁 864、修訂本第 3 冊頁 961）

《續文獻通考》卷九八《玉禮考》："公主青幰車二螭頭，蓋部皆飾以銀，駕用馳。"中華點校本《遼史》卷五五校勘記〔二〕："青幰車二螭頭蓋部皆飾以銀 按《禮志》五《公主下嫁儀》：'賜公主青幰車二，螭頭、蓋部皆飾以銀。'此蓋沿用前文而誤衍'二'字，當刪。"按："賜公主青幰車二"其實是斷句之誤。據《遼史》卷五五《儀衛志》："青幰車，二螭頭、蓋部皆飾以銀，駕用駝，公主下嫁以賜之。古者王姬下嫁，車服不繫其夫，下王后一等。此其遺意歟。"公主相當於上古的"王姬"，她們用以代表自己身份等級的車、服不受其服身份限制，是按照低於王后一等實行。"青幰車"有"二螭頭"，即有兩個螭龍頭像，這是代表公主身份。公主"車服不繫其夫"，即其車服高過其夫的等級。其夫受賜"鞍馬"，出行時，公主乘青幰車，其夫騎馬隨行。故標點應是：

賜公主青幰車，二螭頭、蓋部皆飾以銀，駕馳。

【例 27】卷五三《禮志・嘉儀・皇后生辰儀》

教坊、監琖、臣僚上殿祗候如儀。（點校本第 2 册頁 870、修訂本第 3 册頁 966）

北方飲酒，你飲一杯，我也同樣飲一杯，如少飲，要受罰。有人"監琖"，是爲了杜絕不公平。所以這裏指的是在皇后生辰宴會上，由教坊監琖。"教坊"和"監琖"不應點斷。故此處標點應是：

教坊監琖，臣僚上殿祗候如儀。

【例 28】同卷《禮志・嘉儀・正旦朝賀儀》

引宰臣以下并諸國使副，方裀朶殿臣僚，西階上殿就位立。不應坐臣僚并于西洞門出。二人監琖，教坊再拜。贊各上階、下殿謝宴，如皇太后生辰儀。（點校本第 2 册頁 875、修訂本第 3 册頁 971）

引宰臣以下及諸國使、副，還有在殿上就方裀朶坐位的臣僚，從西階上殿就位站立。不應坐臣僚一併由西洞門退出。二人監琖，教坊再拜。舍人贊"各上階、下殿謝宴"，如皇太后生辰儀。因爲"不應坐臣僚"已經於西洞門退出，所以讓他們"上階謝宣宴"，留在殿内者則"下殿謝"。"如皇太后生辰儀"，即"引臣僚、使副下殿。契丹臣僚謝宴畢，出；漢人臣僚、使副舞蹈，五拜"。故標點應是：

引宰臣以下并諸國使副、方裀朶殿臣僚西階上殿就位立。不應坐臣僚并于西洞門出。二人監琖，教坊再拜贊。各上階、下殿謝宴，如皇太后生辰儀。

【例 29】同卷《禮志・嘉儀・歲時雜儀》

立春，婦人進春書，刻青繒爲幟，像龍御之；或爲蟾蜍，書幟曰"宜春"。（點校本第 2 册頁 877、修訂本第 3 册頁 974）

"立春，婦人進春書"一段文字，引自唐代段成式《酉陽雜俎》。該書卷一載："北朝婦人……立春進春書，以青繒爲幟，刻龍像銜之，或爲蝦蟇。"據《舊唐書》卷一六七《段文昌傳附成式傳》，其父爲宰相，故"以蔭入官，爲秘書省校書郎，研精苦學，秘閣書籍披閱皆遍"。成式生當唐末，他披閱皆遍的秘閣藏書中所稱"北朝"是指隋統一以前的北朝，與遼宋時期所稱"北朝"無關。南宋末年書商以葉隆禮名義拼湊《契丹國志》時，見成式所記有"北朝"字樣，即作爲契丹國俗編入書中。元修《遼史》不加考究，徑入禮志。《契丹國志》卷二七《歲時雜記》："立春日，婦人進春書：刻青繒爲幟，象龍象銜之，或爲蝦蟆。""象龍象銜之"第一個"象"字當係"刻"。而"銜"字則《遼史》誤爲"御"字。"刻青繒爲旗幟，像龍御之"，句中"青繒"如何能刻爲旗幟？"像龍御之"亦殊不可解。其實應是"以青繒爲幟，刻龍像銜之"。"或爲蟾蜍"，即刻成蝦蟆，銜在旗幟上，並在旗幟上書寫"宜春"二字。

二　中華本《遼史·列傳》點校存疑舉要

【例 1】卷七一《后妃傳序》

司馬遷列呂后于紀；班固因之，而傳元后于外戚之後；范曄登后妃于帝紀。（點校本第 3 冊頁 1198、修訂本第 5 冊頁 1318）

《史記》有《呂后本紀》，《漢書》無，而列《高祖呂皇后傳》於《外戚傳》中。《後漢書》則在《憲帝紀》之後有《皇后紀》。以上三者非並列關係，不應當以分號分隔。"班固因之"，《白話遼史》據點校本譯爲"班固沿襲之"。班固並未沿襲司馬遷，此"因之"無沿襲之意。《後漢書·袁紹傳》載伍瓊等説董卓曰："袁氏樹恩四世，門生故吏遍於天下，若收豪傑以聚徒衆，英雄因之而起，則山東非公之有也。"這裏"因之"用法與《遼史·后妃傳序》同，都是"隨後"義。"班固因之"不應與其下"而傳元后於外戚之後"分開。標點應當是：

司馬遷列呂后于《紀》，班固因之而傳元后于外戚之後，范曄登后妃于《帝紀》。

【例 2】同卷《后妃傳序》

等以徽稱，加以美號，質於隋、唐，文於故俗。（點校本第 3 冊頁 1198、修訂本第 5 冊頁 1318）

這是兩個句子，前一句講稱號，後一句講質與文，即實質與外表。兩句中間應以分號分隔。隋與唐雖是兩個朝代，但唐承隋制，史家歷來以"隋唐"作爲一個時代，中間不應再分隔。類似的還有"燕趙""齊魯"，春秋、戰國時期雖然都曾爲二國，但後世泛稱河北地區爲燕趙，稱山東地區爲齊魯，遼宋時期早已如此，故亦不當分隔。標點應是：

等以徽稱，加以美號；質於隋唐，文於故俗。

【例3】卷七二《義宗倍傳》

嘗從征烏古、党項，爲先鋒都統，及經略燕地。太祖西征，留倍守京師。（點校本第 3 册頁 1209、修訂本頁 1334）

倍從征烏古、党項，受命爲先鋒都統。"及經略燕地"與上句無關，是説待到太祖經略燕地和西征時，倍則留守京師。《白話遼史·義宗倍傳》據點校本之標點，譯爲"耶律倍曾經隨從太祖征討烏古、党項，擔任先鋒都統，又經營治理燕地。太祖西征，留下耶律倍守京師"，與原義不合。據本書卷三《太宗本紀上》"天贊元年，授天下兵馬大元帥，尋詔統六軍南徇地。明年，下平州，獲趙思温、張崇"。所謂"南徇地"亦即經略燕地，其間統率六軍的是德光，表明耶律倍的確未出征，而是留守京師。故標點應爲：

嘗從征烏古、党項，爲先鋒都統。及經略燕地、太祖西征，留倍守京師。

【例4】同卷《章肅皇帝李胡傳》

及會議，世宗使解劍而言。和約既定，趨上京。（點校本第 3 册頁 1213、修訂本第 5 頁 1337）

古人佩劍用以防身，"解劍"有放棄敵意的意思，是言和的前提。世宗使者"解劍"，表明此行有言和誠意。故"和"不能與"言"字斷開。"約既定"是文言常見的表達方式，是説雙方達成了協定。標點應是：

及會議，世宗使解劍而言和。約既定，趨上京。

【例5】卷七三《耶律海里傳》

海里多先帝知人之明，而素服太祖威德，獨歸心焉。以故太祖託爲耳目，數從征討。既清內亂，始置遙輦敞穩，命海里領之。（點校本第 3 冊頁 1227、修訂本第 5 冊頁 1353）

海里對太祖"獨歸心""以故太祖託爲耳目"。前爲因，後爲果，是一句話。"數從征討"則應歸下句。故標點應爲：

海里多先帝知人之明，而素服太祖威德，獨歸心焉，以故太祖託爲耳目。數從征討，既清內亂，始置遙輦敞穩，命海里領之。

【例6】卷七四《康默記傳》

時諸部新附，文法未備，默記推析律意，論決重輕，不差毫釐。罹禁網者，人人自以爲不冤。（點校本第 3 冊頁 1230、修訂本第 5 冊頁 1356）

以上是一句話，"不差毫釐"不當用句號。故標點應爲：

時諸部新附，文法未備，默記推析律意論決重輕，不差毫釐，罹禁網者人人自以爲不冤。

【例7】同卷《韓延徽附德樞傳》

德樞年甫十五，太宗見之，謂延徽曰："是兒卿家之福，朕國之寶，真英物也！"未冠，守左羽林大將軍，遷特進太尉。（點校本第 3 冊頁 1232、修訂本第 5 冊頁 1358）

　　"特進"是官名。（漢）蔡邕《獨斷》卷下：漢制群臣異姓"功德優盛、朝廷所異者賜位特進，位在三公下"。魏、晉、南北朝相沿，皆以特進爲加官。唐爲文散官，位開府儀同三司之下。故標點應是：

　　德樞年甫十五，太宗見之，謂延徽曰："是兒卿家之福，朕國之寶，真英物也！"未冠，守左羽林大將軍，遷特進、太尉。

　　【例8】卷七五《耶律圖魯窘傳》

　　圖魯窘屬色進曰："……若中路而止，適爲賊利，則必陷南京，夷屬邑。若此，則爭戰未已，吾民無奠枕之期矣。且彼步我騎，何慮不克。況漢人足力弱而行緩，如選輕鋭騎先絶其餉道，則事蔑不濟矣。"（點校本第 3 冊頁 1242、修訂本第 5 冊頁 1370）

　　"夷"，本義爲討平、平定，引申爲除去、誅滅、鏟平等義。圖魯窘認爲，若中路而止，則敵方就會反過來攻陷南京，必然會將遼的屬邑夷爲平地。"陷南京"與"夷屬邑"都是中路而止的必然後果，都與前面的"必"字相關連，故中間當用頓號。標點應是：

　　圖魯窘屬色進曰："……若中路而止，適爲賊利，則必陷南京、夷屬邑。若此則爭戰未已，吾民無奠枕之期矣。且彼步我騎，何慮不克。況漢人足力弱而行緩，如選輕鋭騎先絶其餉道，則事蔑不濟矣。"

　　【例9】同卷"論曰"

　　神冊初元，將相大臣拔起風塵之中，翼扶王運，以任職取名者，固一時之材；亦由太祖推誠御下，不任獨

斷，用能總攬羣策而爲之用歟！（點校本第 3 册頁 1243、修訂本第 5 册頁 1371）

這是完整的一句話，中間不能用分號。標點應是：

神册初元，將相大臣拔起風塵之中，翼扶王運以任職取名者，固一時之材，亦由太祖推誠御下，不任獨斷，故（用）能總攬羣策而爲之用歟！

【例10】卷七六《趙延壽傳》

延壽至滹沱河，據中渡橋，與晉軍力戰，手殺其將王清，兩軍相拒。太宗潛由他渡濟，留延壽與耶律朔古據橋，敵不能奪，屢敗之，杜重威掃厥衆降。（點校本第 3 册頁 1248、修訂本第 5 册頁 1376）

“手殺其將王清”者，乃趙延壽。至此爲一句結束。其下言兩軍相拒過程中太宗“潛由他渡”來至陣前，指揮延壽等屢敗敵軍，直至杜重威率衆歸降。故標點應當是：

延壽至滹沱河，據中渡橋，與晉軍力戰，手殺其將王清。兩軍相拒，太宗潛由他渡濟，留延壽與耶律朔古據橋，敵不能奪，屢敗之，杜重威掃厥衆降。

【例11】同卷《耶律漚里思傳》

既而晉將杜重威逆于望都，據水勒戰。漚里思介馬突陣，餘軍繼之。被圍，衆言陣薄處可出，漚里思曰：“恐彼有他備。”竟引兵衝堅而出；回視衆所指，皆大塹也。其料敵多此類。（點校本第 3 册頁 1251、修訂本第 5 册頁 1380）

“被圍”者是漚里思及繼至的“餘軍”，因此“繼之"後當是逗號。"竟引兵衝堅而出"之後當用逗號或句號，不當用分號。標點應是：

既而晉將杜重威逆于望都，據水勒戰。漚里思介馬突陣，餘軍繼之，被圍。眾言"陣薄處可出"，漚里思曰："恐彼有他備。"竟引兵衝堅而出，回視眾所指，皆大慙也。其料敵多此類。

【例12】卷七七《耶律屋質傳》

屋質正色曰："人皇王捨父母之國而奔唐，子道當如是耶？大王見太后，不少遜謝，惟怨是尋。太后牽于偏愛，託先帝遺命，妄授神器。如此何敢望和，當速交戰！"（點校本第 3 冊頁 1256、修訂本第 5 冊頁 1386）

屋質這番話是對太后及永康王兩人說的，指責雙方各有錯誤。如其不知悔悟，則必導致兵戎相見。"惟怨是尋"以上是指責永康王，其下是指責太后。此處應是分號。標點應是：

屋質正色曰："人皇王捨父母之國而奔唐，子道當如是耶？大王見太后，不少遜謝，惟怨是尋；太后牽于偏愛，託先帝遺命，妄授神器。如此何敢望和？當速交戰！"

【例13】同卷《耶律屋質傳》

天禄二年，耶律天德、蕭翰謀反下獄，惕隱劉哥及其弟盆都結天德等爲亂。耶律石剌潛告屋質，屋質遽引入見，白其事。劉哥等不服，事遂寢。未幾，劉哥邀駕觀樗蒲，捧觴上壽，袖刃而進。帝覺，命執之，親詰其事。劉哥自誓，帝復不問。屋質奏曰："當使劉哥與石

剌對狀，不可輒恕。"帝曰："卿爲朕鞫之。"屋質率劍
士往訊之，天德等伏罪，誅天德，杖翰，遷劉哥，以盆
都使轄戛斯國。（點校本第 3 冊頁 1257、修訂本第 5 冊
頁 1387）

"惕隱劉哥及其弟盆都結天德等爲亂"，以下至
"以盆都使轄戛斯國"，都是追述"天禄二年，耶律天
德、蕭翰謀反下獄"事件的具體過程，而非"謀反下
獄"後的進一步發展，故當用冒號或句號。這一段標點
應是：

天禄二年，耶律天德、蕭翰謀反下獄：惕隱劉哥及
其弟盆都結天德等爲亂。耶律石剌潛告屋質，屋質遽引
入見，白其事。劉哥等不服，事遂寢。未幾，劉哥邀駕
觀樗蒲，捧觴上壽，袖刃而進。帝覺，命執之，親詰其
事。劉哥自誓，帝復不問。屋質奏曰："當使劉哥與石
剌對狀，不可輒恕。"帝曰："卿爲朕鞫之。"屋質率劍
士往訊之，天德等伏罪，誅天德，杖翰，遷劉哥，以盆
都使轄戛斯國。

【例 14】同卷《耶律安摶傳》

耶律安摶，曾祖巖木，玄祖之長子；祖楚不魯，爲
本部夷离堇。父迭里，幼多疾，時太祖爲撻馬狨沙里，
常加撫育。神册六年，爲惕隱，從太祖將龍軍討阻卜、
党項有功。天贊三年，爲南院夷离堇，征渤海，攻忽汗
城，俘斬甚衆。（點校本第 3 冊頁 1259—1260、修訂本
第 5 冊頁 1390）

本傳開頭記安摶上三代事，其間皆應以分號分隔。

其父事蹟雖字數多，亦當作爲一句，否則主語不明。即：

耶律安摶曾祖巖木，玄祖之長子；祖楚不魯爲本部夷离董；父迭里幼多疾，時太祖爲撻馬狘沙里，常加撫育，神册六年爲惕隱，從太祖將龍軍討阻卜、党項有功，天贊三年爲南院夷离董，征渤海，攻忽汗城，俘斬甚衆。

【例15】同卷《耶律安摶傳》

太祖崩，淳欽皇后稱制，欲以大元帥嗣位。迭里建言，帝位宜先嫡長；今東丹王赴朝，當立。由是忤旨。以黨附東丹王，詔下獄，訊鞫，加以炮烙。不伏，殺之，籍其家。（點校本第 3 册頁 1260、修訂本第 5 册頁 1390）

"迭里建言"其後應當有冒號、引號：

太祖崩，淳欽皇后稱制，欲以大元帥嗣位。迭里建言："帝位宜先嫡長；今東丹王赴朝，當立。"由是忤旨，以"黨附東丹王"，詔下獄，訊鞫，加以炮烙。不伏，殺之，籍其家。

【例16】卷七八《蕭繼先傳》

統和四年，宋人來侵，繼先率邏騎逆境上，多所俘獲，上嘉之，拜北府宰相。自是出師，繼先必將本府兵先從。拔狼山石壘，從破宋軍應州，上南征取通利軍，戰稱捷力。（點校本第 3 册頁 1268、修訂本第 5 册頁 1398）

"自是出師，繼先必將本府兵先"，是說從此之後，遼軍出師，蕭繼先都是率先領北府兵參戰。"從"字應斷於下句，成爲兩個一樣的句型。"從拔""從破"，皆言其是役中非主帥。標點應是：

統和四年宋人來侵，繼先率邏騎逆境上，多所俘獲，上嘉之，拜北府宰相。自是出師，繼先必將本府兵先，從拔狼山石壘，從破宋軍應州。上南征取通利軍，戰稱捷力。

【例17】同卷"論曰"

嗚呼！人君之過，莫大於殺無辜。湯之伐桀也，數其罪曰"並告無辜於上下神祇"；武王之伐紂也，數其罪曰"無辜籲天"；堯之伐苗民也，呂侯追數其罪曰"殺戮無辜"。迹是言之，夷臘葛之諫，凜凜庶幾古君子之風矣。雖然，善諫者不諫於已然。蓋必先得於心術之微，如察脉者，先其病而治之，則易爲功。（點校本第3冊頁1268、修訂本第5冊頁1399）

"凜凜"是形容夷臘葛之諫有大義凜然狀，不應斷在後面。這一段標點應如下：

嗚呼！人君之過莫大於殺無辜。湯之伐桀也，數其罪曰"並告無辜於上下神祇"；武王之伐紂也，數其罪曰"無辜籲天"；堯之伐苗民也，呂侯追數其罪曰"殺戮無辜"。迹是言之，夷臘葛之諫凜凜，庶幾古君子之風矣。雖然，善諫者不諫於已然，蓋必先得於心術之微，如察脉者先其病而治之，則易爲功。

【例18】卷七九《郭襲傳》

十餘年間，征伐未已，而寇賊未弭；年穀雖登，而

瘡痍未復。（點校本第 3 冊頁 1274、修訂本第 5 冊頁 1404）

以上是一句話，"征伐未已"與"瘡痍未復"都是在此十餘年間發生的事，中間不用分號而用逗號更明白。故標點應是：

十餘年間，征伐未已而寇賊未弭，年穀雖登而瘡痍未復。

【例19】同卷"論曰"

景宗之世，人望中興，豈其勤心庶績而然，蓋承穆宗嗜虐之餘，爲善易見；亦由羣臣多賢，左右弼諧之力也。室昉進無逸之篇，郭襲陳諫獵之疏，阿没里請免同氣之坐，所謂仁人之言，其利博哉。賢適忠介，亦近世之名臣。女里貪猥，後人所當取鑑者也。（點校本第 3 冊頁 1275、修訂本第 5 冊頁 1405）

"景宗之世，人望中興，豈其勤心庶績而然"是疑問句，其下則是對這一問題——"人望中興原因何在"的回答。故標點應當是：

景宗之世人望中興，豈其勤心庶績而然？蓋承穆宗嗜虐之餘，爲善易見，亦由羣臣多賢，左右弼諧之力也。室昉進《無逸》之篇，郭襲陳諫獵之疏，阿没里請免同氣之坐，所謂仁人之言，其利博哉。賢適忠介，亦近世之名臣；女里貪猥，後人所當取鑑者也。

【例20】卷八〇《馬得臣傳》

臣聞唐太宗侍太上皇宴罷，則挽輦至内殿；玄宗與兄弟懽飲，盡家人禮。（點校本第 3 冊頁 1280、修訂本

"宴罷"當斷於後。標點應是：

臣聞唐太宗侍太上皇，宴罷則挽輦至内殿；玄宗與兄弟懽飲，盡家人禮。

【例21】 卷八一《王繼忠傳》

二十二年，宋使來聘，遺繼忠孤矢、鞭策及求和劄子，有曰："自臨大位，愛養黎元。豈欲窮兵，惟思息戰。每敕邊事，嚴諭守臣。至於北界人民，不令小有侵擾，衆所具悉，爾亦備知。向以知雄州何承矩已布此懇，自後杳無所聞。汝可密言，如許通和，即當別使往請。"（點校本第 3 册頁 1284、修訂本第 5 册頁 1416）

"求和劄子"中有宋真宗嚴諭守臣及委託王繼忠向遼廷密言的話，皆應在引號内再加單引號。即：

二十二年，宋使來聘，遺繼忠孤矢、鞭策及求和劄子，有曰："自臨大位，愛養黎元；豈欲窮兵，惟思息戰。每敕邊事，嚴諭守臣：'至於北界人民，不令小有侵擾。'衆所具悉，爾亦備知。向以知雄州何承矩已布此懇，自後杳無所聞。汝可密言：'如許通和，即當別使往請。'"

【例22】 卷八二《耶律隆運傳》

景宗疾大漸，與耶律斜軫俱受顧命，立梁王爲帝，皇后爲皇太后，稱制，隆運總宿衛事，太后益寵任之。（點校本第 3 册頁 1290、修訂本第 5 册頁 1422）

據《遼史》卷九《景宗本紀下》，乾亨四年（982）九月景宗駕崩，"遺詔梁王隆緒嗣位，軍國大事聽皇后

命"。而"隆運總宿衛事"則不在遺命之內。故標點
應是：

景宗疾大漸，與耶律斜軫俱受顧命：立梁王爲帝，
皇后爲皇太后，稱制。隆運總宿衛事，太后益寵任之。

【例23】同卷《耶律隆運傳》

十二年六月，奏三京諸鞫獄官吏，多因請託，曲加
寬貸，或妄行搒掠，乞行禁止。上可其奏。（點校本第
3 冊頁 1290、修訂本第 5 冊頁 1412）

"奏"應加引號。"諸鞫獄官吏多因請託"，言鞫獄
官吏受賄、索賄，罪犯行賄者，官吏即對其曲加寬貸，
否則即妄行搒掠。標點應是：

十二年六月奏："三京諸鞫獄官吏多因請託，曲加
寬貸或妄行搒掠。乞行禁止。"上可其奏。

【例24】卷八三《耶律斜軫傳》

乾亨初，宋再攻河東，從耶律沙至白馬嶺遇敵，沙
等戰不利；斜軫赴之，令麾下萬矢齊發，敵氣褫而退。
（點校本第 3 冊頁 1302、修訂本第 5 冊頁 1434）

"沙等戰不利"與"斜軫赴之"，非並列關係，而
是前因後果，中間用分號則文意不明。故標點應用逗
號，即：

乾亨初，宋再攻河東，從耶律沙至白馬嶺遇敵，沙
等戰不利，斜軫赴之，令麾下萬矢齊發，敵氣褫而退。

【例25】卷八四《耶律沙傳》

是年，復從韓匡嗣伐宋，敗績，帝欲誅之，以皇后
營救得免。（點校本第 3 冊頁 1308、修訂本第 5 冊頁

1440）

"帝欲誅之"者，是韓匡嗣，非耶律沙。見卷七四《韓知古附匡嗣傳》。

【例26】卷八五《耶律題子傳》

宋兵守蔚州急，召外援，題子聞之，夜伏兵道傍。黎明，宋兵果來，過未半而擊之；城中軍出，斜軫復邀之。兩軍俱潰，奔飛狐，地隘不得進，殺傷甚衆。賀令圖復集敗卒來襲蔚州，題子逆戰，破之，應州守將自遁。進圍寰州，冒矢石登城，宋軍大潰。（點校本第3冊頁1315、修訂本第5冊頁1447）

"宋兵守蔚州急，召外援"應是"宋兵守蔚州，急召外援"。以下則言題子擊敗宋援兵及斜軫復邀城中突圍宋兵。"州守將自遁，進圍寰州"則是蔚州之戰後的事。句號不當，因此層次欠分明，標點應是：

宋兵守蔚州，急召外援。題子聞之，夜伏兵道傍，黎明宋兵果來，過未半而擊之；城中軍出，斜軫復邀之。兩軍俱潰，奔飛狐，地隘不得進，殺傷甚衆。賀令圖復集敗卒來襲蔚州，題子逆戰，破之。應州守將自遁，進圍寰州，冒矢石登城，宋軍大潰。

【例27】同卷《蕭柳傳》

十七年，南伐，宋將范庭召列方陣而待。時皇弟隆慶爲先鋒，問諸將佐誰敢當者，柳曰："若得駿馬，則願爲之先。"隆慶授以甲騎。柳攬轡，謂諸將曰："陣若動，諸君急攻。"遂馳而前，敵少却。隆慶席勢攻之，南軍遂亂。（點校本第3冊頁1316、修訂本第5冊頁

1449）

“柳攬轡謂諸將曰”，“攬轡”是形容柳説話時的姿態，古人也以“攬轡”這一動作表達感情，如（唐）張文琮《蜀道難》詩：“攬轡獨長息，方知斯路難。”因此不能用逗號斷開。“敵少却”“隆慶席勢攻之”，兩句中間應是逗號。即：

十七年，南伐，宋將范庭召列方陣而待。時皇弟隆慶爲先鋒，問諸將：“佐誰敢當者？”柳曰：“若得駿馬，則願爲之先。”隆慶授以甲騎，柳攬轡謂諸將曰：“陣若動，諸君急攻。”遂馳而前。敵少却，隆慶席勢攻之，南軍遂亂。

【例28】卷八六《耶律裹履傳》

裹履將娶秦晉長公主孫，其母與公主婢有隙，謂裹履曰：“能去婢，乃許爾婚。”裹履以計殺之，婚成。事覺，有司以大辟論。裹履善畫，寫聖宗真以獻，得減，坐長流邊戍。（點校本第3冊頁1324、修訂本第5冊頁1458）

這一段大義是言裹履殺人及事發獲罪的經過，其婚事祗是犯罪之因，故重點不在敘述裹履如何成婚，而在於説明案發經過。標點應爲：

裹履將娶秦晉長公主孫，其母與公主婢有隙，謂裹履曰：“能去婢，乃許爾婚。”裹履以計殺之。婚成事覺，有司以大辟論。裹履善畫，寫聖宗真以獻，得減，坐長流邊戍。

【例29】卷八八《蕭敵烈傳》

敵烈諫曰："國家連年征討，士卒抏敝。況陛下在諒陰；年穀不登，創痍未復。島夷小國，城壘完固。勝不爲武；萬一失利，恐貽後悔。不如遣一介之使，往問其故。彼若伏罪則已；不然，俟服除歲豐，舉兵未晚。"（點校本第 3 冊頁 1339、修訂本第 5 冊頁 1473）

敵烈諫伐高麗，"國家連年征討，士卒抏敝"是他提出的此時不該伐高麗的主要理由。"陛下在諒陰，年穀不登，創痍未復"是對前述理由的補充，"況"（即"況且"）是轉折詞，之前不當用分號，標點應是：

敵烈諫曰："國家連年征討，士卒抏敝，況陛下在諒陰，年穀不登，創痍未復。島夷小國，城壘完固，勝不爲武；萬一失利，恐貽後悔。不如遣一介之使，往問其故。彼若伏罪則已；不然，俟服除、歲豐，舉兵未晚。"

【例30】同卷《蕭排押附匹敵傳》

［太平］九年，渤海大延琳叛，劫掠鄰部，與南京留守蕭孝穆往討。孝穆欲全城降，乃築重城圍之，數月，城中人陰來納款，遂擒延琳，東京平。以功封蘭陵郡王。（點校本第 3 冊頁 1343、修訂本第 5 冊頁 1477）

"乃築重城圍之，數月"，應是"乃築重城，圍之數月"云云。據卷一七《聖宗本紀八》太平十年（1030）"三月甲寅朔，詳穩蕭匹敵至自遼東，言都統蕭孝穆去城四面各五里許築城堡以圍之……八月丙午，東京賊將楊詳世密送款，夜開南門納遼軍擒延琳，渤海平"。孝穆圍城，自三月至八月，凡五個月，故曰"圍之數月"。標點應是：

[太平] 九年，渤海大延琳叛，劫掠鄰部，與南京留守蕭孝穆往討。孝穆欲全城降，乃築重城，圍之數月，城中人陰來納款，遂擒延琳。東京平，以功封蘭陵郡王。

【例31】同卷"論曰"

高句驪弒其君誦而立詢，遼興問罪之師，宜其簞食壺漿以迎，除舍以待；而迺乘險旅拒，俾智者竭其謀，勇者窮其力。雖得其要領，而顓顓獨居一海之中自若也。豈服人者以德而不以力歟？況乎殘毀其宮室，係累其民人，所謂以燕伐燕也歟？嗚呼！朱崖之棄，捐之之力也，敵烈之諫有焉。（點校本第 3 冊頁 1347—1348、修訂本第 5 冊頁 1481—1482）

"乘險旅拒"，言高麗之過。"而迺"是轉折語，緊接上述，不能用分號。"俾智者竭其謀"以下言遼朝不能徹底降伏高麗的原因。標點應是：

高句驪弒其君誦而立詢，遼興問罪之師，宜其簞食壺漿以迎、除舍以待，而迺乘險旅拒。俾智者竭其謀、勇者窮其力，雖得其要領，而顓顓獨居一海之中自若也。豈服人者以德而不以力歟？況乎殘毀其宮室，係累其民人，所謂以燕伐燕也歟？嗚呼！朱崖之棄，捐之之力也，敵烈之諫有焉。

【例32】卷八九《耶律韓留傳》

韓留對曰："臣昔有目疾，才數月耳；然亦不至於昏。第臣駑拙，不能事權貴，是以不獲早睹天顏。非陛

下聖察，則愚臣豈有今日耶！"（點校本第 3 冊頁 1352、修訂本第 5 冊頁 1488）

"然亦不至於昏" 也是承上的轉折語，其前用分號則令人費解。標點應是：

韓留對曰："臣昔有目疾，才數月耳，然亦不至於昏。第臣駑拙，不能事權貴，是以不獲早睹天顏。非陛下聖察，則愚臣豈有今日耶！"

【例 33】同卷《楊佶傳》

丁母憂，起復工部尚書。歷忠順軍節度使，朔、武等州觀察、處置使，天德軍節度使，加特進檢校太師、同中書門下平章事，復拜參知政事，兼知南院樞密使。（點校本第 3 冊頁 1353、修訂本第 5 冊頁 1489）

"加特進、檢校太師、同中書門下平章事" 是加三官。標點應是：

丁母憂，起復工部尚書。歷忠順軍節度使，朔、武等州觀察、處置使，天德軍節度使，加特進、檢校太師、同中書門下平章事，復拜參知政事兼知南院樞密使。

【例 34】同卷《楊佶傳》

三請致政，許之，月給錢粟傔隸，四時遣使存問。（點校本第 3 冊頁 1353、修訂本第 5 冊頁 1489）

"傔隸" 即僕役之屬。標點應是：

三請致政，許之，月給錢粟、傔隸，四時遣使存問。

【例 35】卷九一《耶律唐古傳》

遷西南面巡檢，歷豪州刺史、唐古部詳穩。嚴立科條，禁姦民鬻馬於宋、夏界。因陳弭私販，安邊境之要。太后嘉之，詔邊郡遵行，著爲令。（點校本第 3 冊頁 1362、修訂本第 5 冊頁 1500）

"弭私販安邊境之要"是唐古書面或口頭上奏的主旨或標題，可加引號，且中間不應以逗號斷開。標點應是：

遷西南面巡檢，歷豪州刺史、唐古部詳穩。嚴立科條，禁姦民鬻馬於宋、夏界，因陳"弭私販安邊境之要"。太后嘉之，詔邊郡遵行，著爲令。

【例36】同卷"論曰"

玦以忠直見稱於上，僕里篤以幹敏爲宰相佐，在鎮俱以獄空聞。之數人者，豈特甲冑之士，抑亦李牧、程不識之亞歟。（點校本第 3 冊頁 1365、修訂本第 5 冊頁 1503）

雖然"以獄空聞"乃通常説法，多一"之"字亦通，但"之"字斷於後，成"之數人者"則不通。故標點應是：

玦以忠直見稱於上，僕里篤以幹敏爲宰相佐，在鎮俱以獄空聞之。數人者，豈特甲冑之士，抑亦李牧、程不識之亞歟。

【例37】卷九二《蕭奪剌傳》

先是，有詔方面無事，招討、副統軍、都監内一員入覲。是時同僚皆闕，奪剌以軍事付幕吏而朝，坐是免官。（點校本第 3 冊頁 1368、修訂本第 5 冊頁 1506）

詔令内容應加引號。標點應是：

先是有詔："方面無事，招討、副統軍、都監内一員入覲。"是時同僚皆闕，奪刺以軍事付幕吏而朝，坐是免官。

【例38】同卷"論曰"

烏古敵烈，大部也，奪刺爲統軍，克敵有功；普達居詳穩，悦以使人。西北，重鎮也，侯哂巡邊以廉稱；古昱鎮撫而民富；獨攧駐金肅而夏人不敢東獵。噫！部人内附，方面以寧，雖朝廷處置得宜，而諸將之力抑亦何可少哉。（點校本第 3 册頁 1371、修訂本第 5 册頁 1509）

"論曰"概述烏古部、西北二地軍政官員安邊富民的功績，應以分號將内容區分爲二：

烏古敵烈，大部也，奪刺爲統軍克敵有功；普達居詳穩悦以使人；西北，重鎮也，侯哂巡邊以廉稱，古昱鎮撫而民富，獨攧駐金肅而夏人不敢東獵。噫！部人内附，方面以寧，雖朝廷處置得宜而諸將之力抑亦何可少哉。

【例39】卷九四《耶律化哥傳》

後邊吏奏，自化哥還闕，糧乏馬弱，勢不可守，上復遣化哥經略西境，化哥與邊將深入。聞蕃部逆命居翼只水，化哥徐以兵進。敵望風奔潰，獲羊馬及輜重。（點校本第 3 册頁 1381、修訂本第 5 册頁 1519—1520）

上一段該用引號而未用，還有句號、逗號使用不當。標點應是：

後邊吏奏："自化哥還闕，糧乏馬弱，勢不可守。"上復遣化哥經略西境。化哥與邊將深入，聞蕃部逆命居翼只水，化哥徐以兵進，敵望風奔潰，獲羊馬及輜重。

【例40】同卷"論曰"

大之懷小也以德，制之也以威。德不足懷，威不足制，而欲服人也難矣。化哥利俘獲，而諸蕃不附，何魯掃古誤擊磨古斯，而阻卜叛命，是皆喜於一旦之功，而不圖後日之患，庸何議焉。若斡臘之戒深入，速撒之務安集，亦鐵中之錚錚者邪？（點校本第 3 册頁 1386、修訂本第 5 册頁 1524—1525）

這一段主要是逗號及問號使用不當。標點應是：

大之懷小也以德，制之也以威。德不足懷、威不足制而欲服人也難矣。化哥利俘獲而諸蕃不附，何魯掃古誤擊磨古斯而阻卜叛命，是皆喜於一旦之功而不圖後日之患，庸何議焉。若斡臘之戒深入，速撒之務安集，亦鐵中之錚錚者邪！

【例41】卷九六《耶律仁先傳》

乃環車爲營，拆行馬，作兵仗，率官屬近侍三十餘騎陣柢枑外。（點校本第 3 册頁 1396、修訂本第 5 册頁 1536）

"行馬"，俗稱鹿角，攔阻人馬通行的木架；官屬、近侍們沒有武器，於是祇好拆掉行馬作爲兵仗，亦即"拆行馬作兵仗"爲一事，不應斷開。《白話遼史·耶律仁先傳》據點校本譯爲"拆開行馬，製作兵器"。敵人就在眼前，現製作兵器來得及嗎？此"作"應是"作爲"，而非"製作"。"陣柢枑外"，是說仁先率衆在原架行馬處前方列陣。標點應是：

乃環車爲營，拆行馬作兵仗，率官屬、近侍三十餘騎陣柢柜外。

【例42】卷九八"論曰"

劉伸三爲大理，民無冤抑；一登户部，上下兼裕，至與耶律玦並稱忠直，不亦宜乎。（點校本第 3 册頁 1418、修訂本第 5 册頁 1560）

此爲一簡單句，衹要逗號使用得當，則無須使用分號。標點應爲：

劉伸三爲大理民無冤抑，一登户部上下兼裕，至與耶律玦並稱"忠直"，不亦宜乎。

【例43】卷九九《蕭巖壽傳》

密奏乙辛以皇太子知國政，心不自安，與張孝傑數相過從，恐有陰謀，動搖太子。上悟，出乙辛爲中京留守。（點校本第 3 册頁 1419、修訂本第 5 册頁 1563—1564）

蕭巖壽"密奏"内容應加引號。"恐有陰謀，動搖太子"是密奏語。標點爲：

密奏"乙辛以皇太子知國政心不自安，與張孝傑數相過從。恐有陰謀，動搖太子"。上悟，出乙辛爲中京留守。

【例44】同卷《耶律撻不也傳》

耶律撻不也，字撒班，系出季父房。父高家。仕至林牙，重熙間破夏人于金肅軍有功，優加賞賚。（點校本第 3 册頁 1421、修訂本第 5 册頁 1555—1556）

"父高家"不當點句號，因爲其下都是言高家歷官及軍功。標點應是：

> 耶律撻不也，字撒班，系出季父房。父高家仕至林牙，重熙間破夏人于金肅軍有功，優加賞賚。

【例45】卷一〇二《張琳傳》

> 初，天祚之敗於女直也，意謂蕭奉先不知兵，乃召琳付以東征事。琳以舊制，凡軍國大計，漢人不與，辭之。上不允，琳奏曰："前日之敗，失於輕舉。若用漢兵二十萬分道進討，無不克者。"（點校本第 3 冊頁 1441—1442、修訂本第 5 冊頁 1588）

這一段標點多有不當。應是：

> 初，天祚之敗於女直也，意謂蕭奉先不知兵，乃召琳付以東征事。琳以舊制"凡軍國大計，漢人不與"辭之，上不允。琳奏曰："前日之敗，失於輕舉。若用漢兵二十萬分道進討，無不克者。"

【例46】同卷《耶律余覩傳》

> ［耶律余覩］其妻天祚文妃之妹；文妃生晉王，最賢，國人皆屬望。時蕭奉先之妹亦爲天祚元妃，生秦王。奉先恐秦王不得立，深忌余覩，將潛圖之。（點校本第 3 冊頁 1442、修訂本第 5 冊頁 1589）

文妃生晉王與元妃生秦王二事，當以分號表明其並列關係。標點應是：

> ［耶律余覩］其妻天祚文妃之妹。文妃生晉王，最賢，國人皆屬望；時蕭奉先之妹亦爲天祚元妃，生秦王。奉先恐秦王不得立，深忌余覩，將潛圖之。

【例47】卷一〇三《蕭韓家奴傳》

乃者選富民防邊，自備糧糗。道路脩阻，動淹歲月；比至屯所，費已過半；隻牛單轂，鮮有還者。其無丁之家，倍直傭僦，人憚其勞，半途亡竄，故戍卒之食多不能給。求假于人，則十倍其息，至有鬻子割田，不能償者。或逋役不歸，在軍物故，則復補以少壯。其鴨淥江之東，戍役大率如此。（點校本第 3 冊頁 1446、修訂本第 5 冊頁 1594）

"乃者……半途亡竄"是講造成防邊戍卒食多不能給的原因，其中又分述自備糧糗者及無丁之家兩類。然後講述防邊富民多致破產的慘狀。標點未能分清層次，應是：

乃者，選富民防邊自備糧糗，道路脩阻，動淹歲月，比至屯所費已過半，隻牛單轂鮮有還者；其無丁之家倍直傭僦，人憚其勞，半途亡竄。故戍卒之食多不能給，求假于人則十倍其息，至有鬻子割田不能償者。或逋役不歸、在軍物故，則復補以少壯，其鴨淥江之東，戍役大率如此。

【例48】同卷《蕭韓家奴傳》

夫帑廩雖隨部而有，此特周急部民一偏之惠，不能均濟天下。如欲均濟天下，則當知民困之由，而塞其隙。節盤遊，簡驛傳，薄賦歛，戒奢侈。期以數年，則困者可蘇，貧者可富矣。（點校本第 3 冊頁 1447—1448、修訂本第 5 冊頁 1596）

以上有斷錯及標點不當者，標點應是：

夫帑廩雖隨部而有，此特周急部民。一偏之惠不能均濟天下，如欲均濟天下，則當知民困之由而室其隙，節盤遊、簡驛傳、薄賦斂、戒奢侈，期以數年則困者可蘇、貧者可富矣。

【例49】卷一○七《耶律氏傳》

君以民爲體，民以君爲心。人主當任忠賢，人臣當去比周；則政化平，陰陽順。欲懷遠，則崇恩尚德；欲強國，則輕徭薄賦。四端五典爲治教之本，六府三事寔生民之命。淫侈可以爲戒，勤儉可以爲師。錯枉則人不敢詐，顯忠則人不敢欺。勿泥空門，崇飾土木；勿事邊鄙，妄費金帛。滿當思溢，安必慮危。刑罰當罪，則民勸善。不寶遠物，則賢者至。建萬世磐石之業，制諸部強橫之心。欲率下，則先正身；欲治遠，則始朝廷。（點校本第 3 冊頁 1472、修訂本第 5 冊頁 1620）

這一段的第一個分號使用不當。另，"刑罰當罪，則民勸善。不寶遠物，則賢者至。"雖非嚴格對仗，但是結構相似的兩個短句，故不能用句號分割。此外"四端""五典"等專有名詞各有固定含義，也應分割開。標點應是：

君以民爲體，民以君爲心。人主當任忠賢，人臣當去比周，則政化平、陰陽順。欲懷遠則崇恩尚德，欲強國則輕徭薄賦。"四端""五典"爲治教之本，"六府""三事"寔生民之命。淫侈可以爲戒，勤儉可以爲師。錯枉則人不敢詐，顯忠則人不敢欺。勿泥空門，崇飾土木；勿事邊鄙，妄費金帛。滿當思溢，安必慮危。刑罰當罪則民勸善，不寶遠物則賢者至。建萬世磐石之業，制諸部強橫之心。欲率下則先正身，欲治遠則始朝廷。

【例50】卷一一一"論曰"

舜流共工，孔子誅少正卯，治姦之法嚴矣。後世不是之察，反以爲忠而信任之，不至於流毒宗社而未已。道宗之於乙辛是也。當其留仁先，討重元，若真爲國計者；不知包藏禍心，待時而發耳。一旦專權，又得孝傑、燕哥、十三爲之腹心，故肆惡而無忌憚。始誣皇后，又殺太子及其妃，其禍之酷，良可悲哉。嗚呼！君之所親，莫皇后、太子若也。姦臣殺之而不知，羣臣言之而不悟。一時忠讜，廢戮幾盡。雖黑山親見官屬之盛，僅削一字王號。至私藏甲兵，然後誅之。吁！乙辛之罪，固非一死可謝天下，抑亦道宗不明無斷，有以養成之也。如蕭余里也輩，忘君黨惡，以饕富貴，雖幸而死諸牖下，其得免於遺臭之辱哉！（點校本第3冊頁1495、修訂本第5冊頁1645）

"舜流共工……道宗之於乙辛是也。"是説道宗與乙辛就是昏君與奸臣的關係，"而未已"之後應爲逗號。"當其留仁先……良可悲哉"，是述乙辛之禍。所謂"留仁先討重元"，是説當初道宗要將仁先外放，乙辛請將其留下，以致後來有仁先討平重元叛亂之事。"留仁先討重元"本爲一事，中間加逗號則變成二事，致使其後文字不得其解。"嗚呼"以下是指出道宗其實是助成乙辛之禍。標點應是：

舜流共工，孔子誅少正卯，治姦之法嚴矣。後世不是之察，反以爲忠而信任之，不至於流毒宗社而未已，道宗之於乙辛是也。當其留仁先討重元，若真爲國計者，不知包藏禍心，待時而發耳。一旦專權，又得孝傑、燕哥、十三爲之腹心，故肆惡而無忌憚。始誣皇后，又殺太子及其妃，其禍之酷，良可悲哉。嗚呼！君之所親，莫皇后、太子若也。姦臣殺之而不知，羣臣言之而不悟，一時忠讜廢戮幾盡，雖黑山親見官屬之盛，僅削一字王號。至私藏甲兵，然後誅之。吁！乙辛之罪，固非一死可謝天下，抑亦道宗不明無斷，有以養成之也。如蕭余里也輩，忘君黨惡，以饕富貴，雖幸而死諸牖下，其得免於遺臭之辱哉！

【例51】卷一一五"論曰"

高麗、西夏之事遼，雖嘗請婚下嫁，烏足以得其固志哉？三韓接壤，反覆易知；涼州負遠，納叛侵疆，乘隙輒動；貢使方往，事釁隨生。興師問罪，屢煩親征。取勝固多，敗亦貽悔。昔吳趙咨對魏之言曰："大國有征伐之兵，小國有備禦之固。"豈其然乎！先王柔遠，以德而不以力，尚矣。遼亡，求援二國，雖能出師，豈金敵哉。（點校本第3冊頁1529、修訂本第5冊頁1681）

這一段標點、斷句均有可改進之處。修改如下：

高麗、西夏之事遼，雖嘗請婚下嫁，烏足以得其固志哉。三韓接壤，反覆易知；涼州負遠，納叛侵疆，乘隙輒動。貢使方往，事釁隨生；興師問罪，屢煩親征。取勝固多，敗亦貽悔。昔吳趙咨對魏之言曰："大國有征伐之兵，小國有備禦之固。"豈其然乎！先王柔遠以德而不以力，尚矣。遼亡求援，二國雖能出師，豈金敵哉！

三　中華本《遼史·本紀》及其他諸志部分存疑舉要

【例1】卷一《太祖本紀》

［神册四年］二月丙寅，修遼陽故城，以漢民、渤海戶實之，改爲東平郡，置防禦使。（點校本第 1 册頁 15、修訂本第 1 册頁 17）

按，渤海統治範圍曾及於遼東，"漢民渤海户"即渤海治下的漢民户。故標點應是：

［神册四年］二月丙寅，修遼陽故城，以漢民渤海户實之，改爲東平郡，置防禦使。

【例2】同卷《太祖本紀》

［神册六年十二月］己卯，還次檀州，幽人來襲，擊走之，擒其裨將。詔徙檀、順民於東平、瀋州。（點校本第 1 册頁 17、修訂本第 1 册頁 19）

按，瀋州屬東平郡，"東平瀋州"是大名冠小名，是一地而非兩地，故標點應是：

［神册六年十二月］己卯，還次檀州，幽人來襲，擊走之，擒其裨將。詔徙檀、順民於東平瀋州。

【例3】卷一五《聖宗本紀》

［開泰三年］是夏，詔國舅詳穩蕭敵烈、東京留守耶律團石等討高麗，造浮梁于鴨淥江，城保、宣義、定

遠等州。(點校本第 1 册頁 175、修訂本第 1 册頁 191)

據卷三八《地理志》:"保州宣義軍,節度。"據此"宣義"係保州軍號,二者爲一地。"宣義"二字應是注文。另據《地理志》:"宣州,定遠軍,刺史。開泰三年徙漢户置。隸保州。"據此"定遠"乃宣州軍號,亦是注文,前脱"宣"字。校補後的標點應是:

[开泰三年] 是夏,詔國舅詳穩蕭敵烈、東京留守耶律團石等討高麗,造浮梁于鴨渌江,城保 (宣義)、[宣] (定遠) 等州。

【例4】卷二九《天祚本紀》

天祚所有,沙漠巳北,西南、西北路兩都招討府、諸蕃部族而已。(點校本第 1 册頁 344、修訂本第 1 册頁 386)

播遷以後,天祚所能控制的衹剩沙漠以北隸屬兩路都招討司的各部族。標點應是:

天祚所有沙漠巳北西南、西北路兩都招討府諸蕃部族而已。

【例5】卷三一《營衛志·宮衛》

有遼始大,設制尤密。居有宮衛,謂之斡魯朶;出有行營,謂之捺鉢;分鎮邊圉,謂之部族。有事則以攻戰爲務,間暇則以畋漁爲生。無日不營,無在不衛。立國規模,莫重於此。作《營衛志》。(點校本第 1 册頁 361—362、修訂本第 2 册頁 409—410)

標點符號使用不當,標點應爲:

有遼始大,設制尤密:居有宮衛謂之斡魯朶,出有行營謂之捺鉢，分鎮邊圉謂之部族。有事則以攻戰爲務，閒暇則以畋漁爲生。無日不營，無在不衛，立國規模莫重於此，作《營衛志》。

【例6】同卷《營衛志·宮衛》

遼國之法：天子踐位，置宮衛，分州縣，析部族，設官府，籍戶口，備兵馬。崩則扈從后妃宮帳，以奉陵寢。有調發，則丁壯從戎事，老弱居守。（點校本第1册頁362、修訂本第2册頁410）

這一段説的是依照遼國之法如何設置宮衛，故冒號應在"宮衛"後。其下連續使用幾個短語來解釋如何置宮衛，應用頓號。標點應爲：

遼國之法天子踐位置宮衛：分州縣、析部族、設官府、籍戶口、備兵馬。崩則扈從后妃宮帳，以奉陵寢。有調發則丁壯從戎事，老弱居守。

【例7】同卷《營衛志·宮衛》

[弘義宮]以心腹之衛置，益以渤海俘，錦州戶。（點校本第1册頁362、修訂本第2册頁410）

"渤海俘錦州戶"即居住在錦州的原渤海俘中的漢戶。據卷三九《地理志·中京道》，隸屬錦州的巖州保肅軍，"本漢海陽縣地。太祖平渤海，遷漢戶雜居興州境，聖宗於此建城焉，隸弘義宮"。古漢語有一種構詞法，晚清學者俞樾在《古書疑義舉例》卷三中稱之爲"以大名冠小名"並闡釋其例："《荀子·正名篇》曰：'物也者，大共名也；鳥獸者，大別名也。'"在此"渤海俘"是大名，"錦州戶"是小名。故"渤海俘錦州戶"是一個詞，中間不能再斷開。標點應是：

　　[弘義宮] 以心腹之衛置，益以渤海俘錦州戶。

【例8】卷三二《營衛志·部族》

　　契丹之初，草居野次，靡有定所。至涅里始制部族，各有分地。（點校本第1冊頁377、修訂本第2冊頁427）

　　涅里是阿保機的祖先，其助遙輦氏取代大賀氏，時當唐中葉，契丹早已有八部組織，故無"至涅里始制部族"之事，而是由他定制：諸部各有分地。標點應是：

　　契丹之初草居野次，靡有定所。至涅里始制：部族各有分地。

【例9】卷三四《兵衛志·兵制》

　　凡舉兵，帝率蕃漢文武臣僚，以青牛白馬祭告天地、日神，惟不拜月，分命近臣告太祖以下諸陵及木葉山神，乃詔諸道徵兵。惟南、北、奚王，東京渤海兵馬，燕京統軍兵馬，雖奉詔，未敢發兵，必以聞。上遣大將持金魚符，合，然後行。（點校本第1冊頁397、修訂本第2冊頁451）

　　按，契丹祭告天地，是分別祭天神和地祇，由卷四九《禮志·祭山儀》"祭山儀：設天神、地祇位於木葉山""必以聞上遣大將持金魚符合，然後行"，即知朝廷派遣大將軍持金魚符來與諸道合符無誤，然後纔能發兵。標點應是：

　　凡舉兵，帝率蕃漢文武臣僚以青牛白馬祭告天、地、日神，惟不拜月，分命近臣告太祖以下諸陵及木葉山神，乃詔諸道徵兵。惟南、北、奚王、東京渤海兵馬、燕京統軍兵馬，雖奉詔未敢發兵，必以聞上遣大將持金魚符合，然後行。

【例10】同卷《兵衞志·兵制》

曆二三日，待其困憊，又令打草穀家丁馬施雙鞬，因風疾馳，揚塵敵陣，更互往來。中既飢疲、目不相睹，可以取勝。若陣南獲勝，陣北失利，主將在中，無以知之，則以本國四方山川爲號，聲以相聞，得相救應。（點校本第 1 册頁 399、修訂本第 2 册頁 453）

按，“更互往來。中既饑疲”應是“更互往來中既饑疲”，是説這些打草穀家丁在因風揚塵過程中更相往來，都已經饑疲，此時開戰可以取勝。標點應是：

曆二三日待其困憊，又令打草穀家丁馬施雙鞬，因風疾馳，揚塵敵陣，更互往來中既飢疲、目不相睹，可以取勝。若陣南獲勝、陣北失利，主將在中無以知之，則以本國四方山川爲號，聲以相聞，得相救應。

【例11】卷三六《兵衞志·兵制》

遼之爲國，鄰于梁、唐、晉、漢、周、宋。晉以恩故，始則父子一家，終則寇讎相攻；梁、唐、周隱然一敵國；宋惟太宗征北漢，遼不能救，餘多敗衄，縱得亦不償失。良由石晉獻土，中國失五關之固然也。高麗小邦，屢喪遼兵，非以險阻足恃故歟。西夏彈丸之地，南敗宋，東抗遼。雖西北士馬雄勁，元昊、諒祚智勇過人，能使党項、阻卜掣肘大國，蓋亦襟山帶河，有以助其勢耳。雖然，宋久失地利，而舊《志》言兵，唯以敵宋爲務。逾三關，聚議北京，猶不敢輕進。豈不以大河在前，三鎮在後，臨事好謀之審，不容不然歟。（點校本第 1 冊頁 433、修訂本第 2 冊頁 489）

"縱得亦不償失" 及 "南敗宋，東抗遼" 後面的句號都係錯用，同時還有其他標點不當。標點應當如下：

遼之爲國，鄰於梁、唐、晉、漢、周、宋。晉以恩故，始則父子一家，終則寇讎相攻；梁、唐、周隱然一敵國。宋惟太宗征北漢遼不能捄，餘多敗衄，縱得亦不償失，良由石晉獻土，中國失五關之固然也。高麗小邦，屢喪遼兵，非以險阻足恃故歟！西夏彈丸之地，南敗宋、東抗遼，雖西北士馬雄勁，元昊、諒祚智勇過人，能使党項、阻卜掣肘大國，蓋亦襟山帶河有以助其勢耳。雖然，宋久失地利，而舊《志》言兵，唯以敵宋爲務。逾三關，聚議北京，猶不敢輕進。豈不以大河在前、三鎮在後，臨事好謀之審，不容不然歟。

【例12】同卷《兵衛志·兵制》

二帳、十二宮一府、五京，有兵一百六十四萬二千八百。宮丁、大首領、諸部族，中京、頭下等州，屬國之眾，皆不與焉。不輕用之，所以長世。（點校本第 1 冊頁 433、修訂本第 2 冊頁 489）

按，前言遼國有兵總數，已包括五京，故中京之兵也已統計在內，以下又言中京、頭下等州 "皆不與焉"，豈不矛盾？其實是標點錯誤造成此一矛盾。"中京頭下等州" 是指中京境內的頭下等州。標點應是：

二帳、十二宮一府、五京有兵一百六十四萬二千八百。宮丁、大首領、諸部族、中京頭下等州、屬國之衆皆不與焉，不輕用之，所以長世。

【例13】卷三七《地理志・上京道》

周廣順中，胡嶠《記》曰：上京西樓，有邑屋市肆，交易無錢而用布。有綾錦諸工作、宦者、翰林、伎術、教坊、角觝、儒、僧尼、道士。中國人并、汾、幽、薊爲多。（點校本第 1 册頁 441、修訂本第 2 册頁 499）

按，胡嶠《記》即胡嶠《陷虜記》，見《新五代史》卷七三《四夷附録》，這一段文字因缺誤而致文義不通，據《陷虜記》校補，應是：

西樓有邑屋市肆，交易無錢而用布。有綾錦諸工作、宦者、翰林、伎術、教坊、角觝、秀才、僧、尼、道士等，皆中國人，而并、汾、幽、薊之人尤多。

【例14】同卷《地理志・上京道・祖州》

東偏有聖蹤殿，立碑述太祖游獵之事。殿東有樓，立碑以紀太祖創業之功。皆在州西五里。天顯中太宗建，隸弘義宮。統縣二、城一。（點校本第 1 册頁 442—443、修訂本第 2 册頁 501）

"隸弘義宮" 之前用逗號，即成爲聖蹤殿隸弘義宮，實際上應是祖州隸弘義宮。故標點應是：

東偏有聖蹤殿，立碑述太祖遊獵之事；殿東有樓，立碑以紀太祖創業之功。皆在州西五里，天顯中太宗建。隸弘義宮，統縣二、城一。

【例15】同卷《地理志・上京道・頭下州》

順州。本遼隊縣地。橫帳南王府俘掠燕、薊、順州之民，建城居之。在顯州東北一百二十里，西北至上京九百里。户一千。（點校本第 1 册頁 450、修訂本第 2 册頁 508）

按，上京之順州是以橫帳南王府俘掠燕薊地區的順州之民所建。"燕薊順州"是依"大名冠小名"構成的合成詞，"燕薊"乃大名，"順州"爲隸屬前者的小名。標點應爲：

順州本遼隊縣地。橫帳南王府俘掠燕薊順州之民，建城居之。在顯州東北一百二十里，西北至上京九百里。户一千。

【例 16】卷三八《地理志・東京道》

武帝元封三年，定朝鮮爲真番、臨屯、樂浪、玄菟四郡。後漢出入青、幽二州，遼東、玄菟二郡，沿革不常。（點校本第 1 册頁 455、修訂本第 2 册頁 517）

按，"後漢出入青、幽二州"是説後漢時真番等四郡時出時入青、幽二州。標點應爲：

武帝元封三年，定朝鮮爲真番、臨屯、樂浪、玄菟四郡，後漢出入青、幽二州。遼東、玄菟二郡沿革不常。

【例 17】同卷《地理志・東京道》

街西有金德寺；大悲寺；駙馬寺，鐵幡竿在焉；趙頭陀寺；留守衙；户部司；軍巡院，歸化營軍千餘人，河、朔亡命，皆籍于此。（點校本第 1 册頁 456、修訂本第 2 册頁 518）

這一段是講街西一系列建築，"鐵幡竿" 在駙馬寺內，是注文。標點應是：

街西有金德寺、大悲寺、駙馬寺鐵幡竿在焉、趙頭陀寺、留守衙、户部司、軍巡院。歸化營軍千餘人，河朔亡命皆籍於此。

【例18】同卷《地理志·東京道》

開州，鎮國軍，節度。本濊貊地，高麗爲慶州，渤海爲東京龍原府。有宮殿。都督慶、鹽、穆、賀四州事。故縣六：曰龍原、永安、烏山、壁谷、熊山、白楊，皆廢。（點校本第 1 册頁 458、修訂本第 2 册頁 520）

按，有宮殿及都督四州、廢縣六，都是屬於渤海龍原府，而與高麗慶州無關。故標點應爲：

開州，鎮國軍，節度。本濊貊地，高麗爲慶州。渤海爲東京龍原府，有宮殿。都督慶、鹽、穆、賀四州事；故縣六：曰龍原、永安、烏山、壁谷、熊山、白楊，皆廢。

【例19】同卷《地理志·東京道》

遼州，始平軍，下，節度。本拂涅國城，渤海爲東平府。唐太宗親征高麗，李世勣拔遼城；高宗詔程振、蘇定方討高麗，至新城，大破之；皆此地也。（點校本第 1 册頁 467、修訂本第 2 册頁 529）

按，"唐太宗親征高麗，李世勣拔遼城；高宗詔程振、蘇定方討高麗，至新城，大破之；皆此地"，實爲一句話，意即唐太宗親征高麗時李世勣拔遼城，高宗詔程振、蘇定方討高麗至新城並大破之，皆系此地。其間用兩個分號使文義不明。標點應是：

遼州，始平軍，下，節度。本拂涅國城，渤海爲東平府。唐太宗親征高麗，李世勣拔遼城，高宗詔程振、蘇定方討高麗，至新城大破之；皆此地也。

【例20】卷四〇《地理志·南京道》

職方，東北幽州，山鎮醫巫閭，澤藪貕養，川河、泲，浸菑、時。其利魚、鹽，其畜馬、牛、豕，其穀黍、稷、稻。（點校本第 1 冊頁 493、修訂本第 2 冊頁 561）

《職方》，即《周禮·夏官·職方氏》。其下引"東北幽州……稻"，脫漏太甚，標點亦有問題。校改如下：

《職方》，"東北〔曰〕幽州，〔其〕山鎮〔曰〕醫巫閭，〔其〕澤藪〔曰〕貕養，〔其〕川河泲，〔其〕浸菑時，其利魚、鹽，其畜馬、牛、豕，其穀黍、稷、稻。"

【例21】卷四一《地理志·西京道》

清寧八年建華嚴寺，奉安諸帝石像、銅像。又有天王寺、留守司衙。南曰西省。（點校本第 1 冊頁 506、修訂本第 2 冊頁 578）

"西省"即遼西京的中書省。明代彭大翼撰《山堂肆考》卷四四載："門下尚書省爲左省，中書省爲右省，又謂之西省。""又有天王寺"是説華嚴寺之外有天王寺，而"留守司衙"並不在"又有"之內。標點應是：

清寧八年建華嚴寺，奉安諸帝石像、銅像。又有天王寺，留守司衙南曰西省。

【例22】卷四五《百官志總序》

官生於職，職沿於事，而名加之。後世沿名，不究その実。吏部一太宰也，爲大司徒，爲尚書，爲中書，爲門下。兵部一司馬也，爲大司馬，爲太尉，爲樞密使。沿古官名，分今之職事以配之，於是先王統理天下之法，如治絲而棼，名實淆矣。（點校本第 2 册 685 頁、修訂本第 3 册頁 773）

以上句讀不當，重新標點如下：

官生於職，職沿於事而名加之，後世沿名不究其實。吏部一太宰也，爲大司徒、爲尚書、爲中書、爲門下；兵部一司馬也，爲大司馬、爲太尉、爲樞密使。沿古官名，分今之職事以配之，於是先王統理天下之法如治絲而棼，名實淆矣。

【例23】同卷《百官志·北面宫官》

部族、蕃户，統以北面宫官。（點校本第 2 册頁716、修訂本第 3 册頁 804）

遼的諸宫斡魯朶是"析部族"而成，即從某些部族中分出若干個石烈、瓦里等單位組成。"部族蕃户"亦即從諸部族中分出而隸屬斡魯朶的蕃户，由北面諸宫官統轄。

標點應是：

部族蕃户統以北面宫官。

【例24】卷五六《儀衛志》

太祖帝北方，太宗制中國，紫銀之鼠，羅綺之篋，麇載而至。纖麗奂毳，被土綢木。於是定衣冠之制，北班國制，南班漢制，各從其便焉。（點校本第 2 册頁905、修訂本第 3 册頁 1007）

前面先說遼朝定衣冠之制的前提條件，後面是説遼的衣冠之制有"國制"與"漢制"之別。標點應是：

太祖帝北方，太宗制中國，紫銀之鼠、羅綺之篚麀載而至，纖麗奐毳被土綢木，於是定衣冠之制：北班國制，南班漢制，各從其便焉。

【例25】同卷《儀衛志·袞冕》

玄衣、纁裳十二章：八章在衣，日、月、星、龍、華蟲、火、山、宗彝；四章在裳，藻、粉米、黼、黻。衣褾領，爲升龍織成文，各爲六等。龍、山以下，每章一行，行十二，白紗中單，黼領，青褾襈裾，黻革帶、大帶，劍佩綬，烏加金飾。《元日朝會儀》，皇帝服袞冕。(點校本第2冊頁908、修訂本第3冊頁1010)

黼(fǔ)、黻(fú)是冕服十二章花紋中的兩種紋樣，前者是左黑而右白的斧形圖案，後者是半黑半青。褾(biǎo)是袖端或衣服上的緄邊，襈(zhuàn)是衣裳的邊飾，裾是衣裳的大襟，"襈、裾黻"説的是衣裳邊飾和大襟的紋樣。標點應是：

玄衣、纁裳十二章：八章在衣，日、月、星、龍、華蟲、火、山、宗彝；四章在裳，藻、粉米、黼、黻。衣褾領，爲升龍織成文，各爲六等，龍、山以下每章一行，行十二；白紗中單，黼領，青褾，襈、裾黻；革帶、大帶，劍佩綬，烏加金飾。"元日朝會儀"皇帝服袞冕。

【例26】卷五七《儀衛志·木契》

宣徽使請陽面木契下殿，至于殿門，以契授西上閤門云："授契行勘。"勘契官聲嗒，跪受契，舉手勘契同，俛、興，鞠躬，奏："內外勘契同。"（點校本第 2 冊頁 915—916、修訂本第 3 冊頁 1017—1018）

"宣徽使請陽面木契"即他請求頒給木契，然後持契下殿；"俛興"是言起身的姿式，即躬身起。卷四九《禮志·告廟儀》："中書舍人俛跪讀訖，俛興，退。"這一段標點應是：

宣徽使請陽面木契，下殿至于殿門，以契授西上閤門使云："授契行勘。"勘契官聲嗒，跪受契，舉手勘契同，俛興，鞠躬，奏"內外勘契同"。

【例27】卷五九《食貨志上》

南京歲納三司鹽鐵錢折絹，大同歲納三司稅錢折粟。開遠軍故事，民歲輸稅，斗粟折五錢，耶律抹只守郡，表請折六錢，亦皆利民善政也。（點校本第 2 冊頁 926、修訂本第 3 冊頁 1028—1029）

"皆利民善政"指的是前面三件事，故"折粟"後不能用句號。標點應是：

南京歲納三司鹽鐵錢折絹，大同歲納三司稅錢折粟，開遠軍故事民歲輸稅斗粟折五錢，耶律抹只守郡表請折六錢，亦皆利民善政也。

【例28】卷六〇《食貨志下》

一時產鹽之地如渤海、鎮城、海陽、豐州、陽洛城、廣濟湖等處，五京計司各以其地領之。（點校本第 2 冊頁 930、修訂本第 3 冊頁 1032）

海陽，據卷三九《地理志》："潤州，海陽軍，下，刺史。聖宗平大延琳，遷寧州之民居此，置州。統縣一：海陽縣。本漢陽樂縣地，遷潤州，本東京城內渤海民戶，因叛移於此。"故有"渤海鎮城海陽"之说；陽洛城則屬豐州，豐州在呼和浩特東白塔。因此標點應是：

一時産鹽之地如渤海鎮城海陽、豐州陽洛城、廣濟湖等處，五京計司各以其地領之。

【例29】同卷《食貨志下》

［點校本校勘記］神册初平渤海得廣州："按紀，天顯元年二月平渤海，非神册初。《地理志》二，初爲渤海鐵利郡，太祖建鐵利州，開泰七年置爲廣州。"（點校本第2册頁933）

《食貨志下》云"神册初平渤海"不確，但廣州之地神册初確已爲契丹所得。據《松漠紀聞》卷二記載，從金上京至燕京的行程，途經"瀋州六十里至廣州"。即廣州在瀋州西南六十里處。由此可知，遼廣州是在遼瀋地區，這一地區雖原屬渤海，但早在遼初即爲契丹所得，據卷三八《地理志·東京道》："神册四年葺遼陽故城，以渤海漢戶建東平郡，爲防禦州。"

【例30】卷六一《刑法志上》

神册六年，克定諸夷，上謂侍臣曰："凡國家庶務，鉅細各殊，若憲度不明，則何以爲治，群下亦何由知禁。"乃詔大臣定治契丹及諸夷之法，漢人則斷以律令，仍置鐘院以達民冤。（點校本第2册頁937、修訂本第3册頁1039）

《治契丹及諸夷之法》是成文法，《律》《令》即《唐律》《唐令》，故標點應是：

神册六年克定諸夷，上謂侍臣曰："凡國家庶務鉅細各殊，若憲度不明則何以爲治，群下亦何由知禁。"乃詔大臣定《治契丹及諸夷之法》，漢人則斷以《律》《令》。仍置鐘院以達民冤。

【例31】同卷《刑法志上》

嘗敕諸處刑獄有冤，不能申雪者，聽詣御史臺陳訴，委官覆問。往時大理寺獄訟，凡關覆奏者，以翰林學士、給事中、政事舍人詳決；至是始置少卿及正主之。猶慮其未盡，而親爲錄囚。（點校本第 2 册頁 939、修訂本第 3 册頁 1041）

句讀不準確，應修正爲：

嘗敕諸處刑獄有冤不能申雪者，聽詣御史臺陳訴，委官覆問。往時大理寺獄訟，凡關覆奏者以翰林學士、給事中、政事舍人詳決，至是始置少卿及正主之，猶慮其未盡，而親爲錄囚。

【例32】卷六二《刑法志下》

諸帳郎君等於禁地射鹿，決杖三百，不徵償；小將軍決二百已下；至百姓犯者決三百。（點校本第 2 册頁 944、修訂本第 3 册頁 1046）

"小將軍決二百已下"不通，刑律如此模糊不清，官吏如何執行？"已下"應斷於後。"已下至百姓犯者決三百"，即小將軍以下犯者與百姓同。標點應是：

諸帳郎君等於禁地射鹿決杖三百，不徵償，小將軍決二百，已下至百姓犯者決三百。

【例33】同卷《刑法志下》：

四年，復詔左夷离畢曰：“比詔外路死刑，聽所在官司即決。然恐未能悉其情，或有枉者。自今雖已款伏，仍令附近官司覆問。無冤然後決之，有冤者即具以聞。”（點校本第 2 冊頁 945、修訂本第 3 冊頁 1047）

句讀不準確，應修正爲：

四年復詔左夷离畢曰：“比詔外路死刑聽所在官司即決，然恐未能悉其情或有枉者。自今雖已款伏，仍令附近官司覆問，無冤然後決之；有冤者即具以聞。”

【例34】同卷《刑法志下》

時校定官即重熙舊制，更竊盜贓二十五貫處死一條，增至五十貫處死；又删其重復者二條，爲五百四十五條；取《律》一百七十三條，又創增七十一條，凡七百八十九條，增重編者至千餘條。皆分類列。以大康間所定，復以《律》及《條例》參校，續增三十六條。其後因事續校，至大安三年止，又增六十七條。（點校本第 2 冊頁 945、修訂本第 3 冊頁 1047）

“時校定官……凡七百八十九條”是一整句。“增重編者至千餘條，皆分類列以大康間所定”，是説大康間所制定的律條，皆分類列於重編者各類之下。故標點應是：

時校定官即重熙舊制，更竊盜贓二十五貫處死一條增至五十貫處死，又删其重復者二條，爲五百四十五條，取《律》一百七十三條，又創增七十一條，凡七百八十九條。增重編者至千餘條，皆分類列以大康間所定，復以《律》及《條例》參校，續增三十六條。其後因事續校，至大安三年止，又增六十七條。

（李錫厚　編撰）